그래도 되는 차별은 없다

KB208117

그래도 되는 차별

차별

은   없다

그래도 되는

차별은   없다

없다

그래도 되는 차별은   없다

인권
최전선의
변론

공익인권법재단
공감 지음

창비

질문을 던지고
경계를 넓혀온 공감의 스물한 해

창덕궁 돌담길을 따라 걷다보면 커다란 은행나무 두그루가 눈에 들어옵니다. 그 앞에서 고개를 들면 '공익인권법재단 공감'의 사무실이 보입니다. 고즈넉한 동네의 소박한 그 공간에서 혐오와 차별, 우리 사회의 가장 아픈 물음들을 정면으로 마주하는 논의들이 이어지고 있습니다.

2004년 4명으로 출발한 국내 최초의 비영리 전업 공익변호사 단체 공감은 2024년 13명의 구성원들과 함께 무사히 창립 20주년을 맞이하였습니다. 그리고 다시 새로운 한 해를 열어갑니다. 그동안 공감은 기존의 법과 제도가 외면하던 자리에 가장 먼저 다가서고자 노력해왔습니다. 여성, 장애인, 불안정 노동자, 성소수자, 난민과 이주민, 홈리스, 재난참사 피해자 등 사회적 약자의 권리를 위해 공감은 개별 사건의 변론을 넘어 불합리한 법 제도의 개선, 연구 조사, 국제 연대 등 다양한 방식으로 활동해왔습니다.

이번 책을 준비하면서, 구성원 모두가 지난 스물한 해를 되돌아보는 시간을 가졌습니다. 그간 우리가 맡았던 그리고 현재 진행하고 있는 수많은 사건 중 어떤 이야기들을 독자에게 전할 것인지 논의한 그 시간은 공감이 사건을 맡는 이유, 활동을 하는 방식을 정리해보는 기회이기도 했습니다.

공감은 늘 선례(先例)를 만들어왔습니다. 이전에 비슷한 사건이 없었다는 뜻이 아닙니다. 당사자들은 언제나 존재해왔고, 그들이 겪는 피해의 고통도 항시 있었지만 법과 권리의 언어로 표현되지 못했을 뿐이지요. 공감은 그런 사건들을 맡아 법원과 국회로 가져가서 제도의 문턱을 두드렸습니다.

그 과정에서 우리는 종종 어리둥절해하는 표정과 마주했습니다. '왜 이런 사건을 굳이 문제 삼는 거지?' 하며 의아해하는 얼굴들을 맞닥뜨리며 공감의 일은 시작됩니다. 사실 지금까지 공감이 맡아온 대부분의 사건이 그러했습니다. 한국사회가 무심코 넘겨버리는 일들 속에서 문제적 사안을 끌어내고, 질문을 던지고, 답하게 만드는 일. 그것이 공감이 걸어온 길이었습니다.

공감은 늘 '함께' 만들어 왔습니다. 책에 담긴 모든 사건에 공통적으로 등장하는 사람들이 있습니다. 용기를 낸 당사자, 그 곁에 동행하고, 연구하고, 기획하고, 대리하고, 판결하는 사람들…. 교정시설에서 성소수자를 위한 적절한 처우를 받지 못하자 '다시는 나 같은 사람이 없기를 바란다'는 마음으로 사건을 공론화한 수현씨, 억울하게 강제퇴거를 당한 이주아동 민호를 한국으로 돌아오게 하기 위해 백방으로 뛰어다닌 담임 선생님, 외국인보호소에서 고문당한 난민 신청자의 곁을 3년 동안 한결같이 지키며 연대한 활동가들까지. 공감은 그렇게 새로운 길을 내어온 '연대하는 사람들' 가운데 하나였습니다.

공감은 늘 인권의 경계를 확장해왔습니다. 공감의 지난 스물한 해는 한명이라도 제도 밖의 예외적 존재로 남지 않도록 울타리를 넓히는 과정이었습니다. 소수자에 관한 일말의 고려조차 하지 않은 제도의 공백에 맞서 소수자의 존재를 제도 안으로 들여오고자 했고, 때로는 제도 자체를 재구성했습니다. 과거 성소수자와 HIV 감염인을 위한 법률 지원을 처음 시작했을 때부터 세월호 참사와 이태원 참사 피해자들의 권리를 되찾고자 그들 곁에 나란히 섰을 때, 캄보디아 빈민들의 삶을 파탄으로 몰아넣은 한국 은행들의 약탈적 대출 실태를 고발했을 때까지, 그 당시 우리 사회에서는 낯설기 그지없는 사건들이었지만 이들 모두 인권의 울타리 안에서 지켜지고 보장되고 발화되어야 한다는 믿음으로 사건에 임했습니다.

어떤 사건은 1년, 3년, 길게는 5년이 넘게 걸립니다. 그 긴 여정은 종종 승소 혹은 패소라는 단어로 간략하게 요약되곤 합니다. 항상 이겼던 것은 아닙니다. 사실 어떤 노력을 해도 견고한 벽에 부딪히는 경우가 더 많습니다. 이 책에는 그 한 단어로는 결코 정리될 수 없는 이야기들을 담았습니다.

의뢰인과의 첫 만남, 변론을 준비하는 과정, 법정 안팎의 숨 가쁜 순간들, 그 속에 담긴 웃음과 눈물까지. 사건들은 저마다 다른 얼굴을 하고 있지만, 모두 같은 질문을 던집니다. '이 차별은 과연 괜찮은 것인가?'

이 책은 그 질문의 답, '그래도 되는 차별은 없다'는 믿음으로 달려온 시간의 기록이자 그 믿음을 함께 지켜온 사람들의 이야기입니다. 공감이 마주해온 인권 최전선의 변론들이 여기 담겨 있습니다.

그동안 단 한 해도 재정 걱정 없이 지나간 적이 없었습니다. 그럼에도 '차별과 인권침해 피해자로부터 수임료를 받지 않는다'는 공감의 첫번째 원칙을 지킬 수 있었던 것은, 든든하게 응원해주시는 기부회원님들 그리고 현장에서 함께하는 동료 활동가들 덕분입니다.

이 책이 모든 사람이 존엄을 지키며 평등하게 살아갈 수 있는 사회, 모두의 다양성이 존중받는 사회를 위한 작은 디딤돌이 되기를 바랍니다.

2025년 늦봄
공감 식구들의 마음을 담아

　우리나라 최초의 공익변호사 단체로 출발한 '공감'은 '사람이 사람답게 사는 세상'을 만들기 위해 20여년을 달려왔습니다. 누구보다 공감 능력 충만한 변호사들과 구성원들은 다양성의 가치를 인정받는 사회를 만들고자 법과 보편적 인권이라는 준거 아래 활동하고 있습니다.

　최근 대한민국의 민주주의와 법치주의가 크게 훼손되는 일이 있었습니다. 동시에, 무너져가는 이 가치들을 바로 세우려는 각성과 노력도 더해가고 있지요. 여전히 세상에는 사회적 약자와 소수자에 대한 혐오와 차별이 당연시되고, 증오와 폭력의 언어가 난무합니다. 그렇기에 공익인권법재단 공감의 존재는 소중하다고 하지 않을 수 없습니다.

　난민과 이주민, 성소수자, 여성, 노동, 빈곤, 아동, 기업과 인권, 나아가 재난참사 피해자에 대한 지원까지 공감의 활동은 실로 다양한 영역에서 이루어집니다. 공감의 변호사들은 자신이 맡은 사건의 실체적 진상을 파악하고, 당사자들의 피해 회복을 돕고, 나아가 우리 사회의 고질적인 병폐를 극복하기 위해 쉼 없이 고뇌하며 분투합니다. 이 노력과 매진의 과정에서 때로는 공권력의 행태에 분노하기도 하고, 의뢰인들이 당하는 고초에 비통을 느끼기도 하며, 차별적 제도와 사회적 인식의 견고한 장벽 앞에서 좌절하기도 합니다.

인권의 과제는 날마다 새로이 주어지고, 해결책을 찾기 위한 공감의 노력도 다시금 이어집니다. 이 험한 길을 헤쳐오며 인권은 한단계 진전되어가는 것이라고 믿습니다.

그동안 공감이 지나온 걸음걸음을 모아 세상에 내놓습니다. 길이 끝나는 곳에서 길이 되고자 하는 공감의 활동은 후원자들의 격려와 지지가 있기에 가능했습니다. '사람이 사람답게 사는 세상'을 위해 공감은 부단히 꿈꾸고 소망하며 노력할 것입니다.

공익인권법재단 공감 이사장 김이수

목차

'새우 꺾기를 당해도 싼 사람'은 누구인가

화성외국인보호소

'새우 꺾기' 고문 사건

김지림 | 이주민, 난민, 성소수자 인권 분야에서 일하고 있습니다. '보호'라는 이름 아래 벌어진 고문 사건을 대리하며, 하나의 사건이 당사자의 용기와 연대하는 이들의 끈질긴 노력을 만나 제도를 바꾸는 힘으로 연결된다는 사실을 알게 되었습니다. 법의 언어로 책임을 묻고 변화를 만들어가는 일을 합니다.

등 뒤로 수갑 채운 손목, 포승줄로 감아버린 발목, 그 상태로 손목과 발목이 묶여 허리가 새우등처럼 뒤로 꺾여버린 한 사람. 아니, 지금 내가 뭘 보고 있는 거지? 눈을 비비고 다시 화면을 살핍니다.

자세히 보니 머리는 박스 테이프로 칭칭 감겨 있고, 여러줄의 케이블 타이까지 덕지덕지 매여 있습니다. 그렇게 사지가 묶인 채 꺾여버린 몸을 꿈틀대는 사람의 모습. 2021년 6월 시작되어 지금까지 이어지고 있는 긴 싸움의 서막을 알린 바로 그 장면입니다.

코로나19 확산을 선방하고 있다며 K-방역을 치하하던 그해, 방탄소년단의 활약으로 K-팝이 전세계를 제패한 그해, 한국 어딘가에서 기상천외한 자세로 고문을 당하고 있는 이 사람은 대체 누구일까? 그를 만난 첫날로 돌아가봅니다.

고문을 당했습니다, 2021년 한국에서

2020년 여름이었습니다. 첫번째 난민 신청에 실패하고 두번째 난민 신청을 준비하고 있다는 사람의 사연을 전해 들었습니다. 당시 한국의 난민 인정률은 0.4퍼센트에 불과했고, 공감도 난민 재신청 과정을 도와달라는 무수한 요청들로 허덕이고 있었습니다. 난민 신청서 접수 절차만이라도 함께 가달라는 간절한 이야기에 간단한 의견서를 준비한 뒤 서울출입국·외국인청 앞에서 무라드*를 만났습니다. 모국어인 아랍어 외에도 불어와 영어를 유창하게 구사하던 그와 함께 가까스로 난민 재신청 접수에 성공한 뒤 앞으로의 절차를 간략히 설명하고 헤어졌습니다.

그로부터 1년 뒤, 예상하지 못했던 곳에서 걸려온 그의 전화를 받았습니다. 맙소사, 경기도 화성에 위치한 외국인보호소였습니다. 갑자기 외국인보호소에 있다는 사실만으로도 기가 막힐 노릇인데, 그가 전화로 들려준 이야기는 더욱 황당했습니다. 극심한 치통에도 불구하고 병원에 보내주지 않아 스스로 샴푸 두병을 마신 뒤에야 외부 진료를 받을 수 있었고, 보호소 직원의 욕설 등 부당한 대우에 항의할 때마다 별다른 설명 없이 독방에 구금되었으며, 독방 구금 상태에서 저항하면 여러명이 달라붙어 팔다리를 묶고 사지를 꺾은 뒤 피를 안 통하게 하는 고문을 한다는 것입니다. 아니, 지금 무슨 이야기를 하는 거지? 여기 '한국'인데?

●   본인의 의사에 따라 본명을 공개합니다.

부끄럽게도, 지푸라기라도 잡는 심정으로 외부의 조력을 요청하던 그의 호소를 전부 믿지는 않았습니다. 그가 동료 활동가와 변호사에게 직접 전달한 문서들을 읽을 때에도, 입소 이후 자신에게 발생한 고문 사실을 시간 순서대로 꼼꼼히 적은 자필 진술서를 읽을 때에도 그의 주장이 조금은 과장되었을 것이라 여겼습니다. 사실이 아니길 바랐던 것 같기도 합니다.

하지만 만약 그의 주장 중 단 일부분만이 사실이라 하더라도 이미 심각한 인권침해였기에 가만있을 수는 없었습니다. 갇혀 있는 피해자의 진술밖에는 없는 상황, 추가 증거를 확보하는 것이 급선무였습니다. 찾아보니 외국인보호소의 CCTV 보관기간은 통상 3개월 정도였습니다. 유일한 증거가 삭제될지도 모르는 일촉즉발의 상황에 바로 법원에 증거보전 신청˙을 했습니다. 독방 안의 진실을 알고 있는 유일한 목격자인 CCTV를 공개해달라는 요청이 받아들여졌습니다.

CCTV에 담긴 진실

한달 뒤 법원에서 온 연락을 받고 꼬박 하루를 들여 1테라바이트가 넘는 CCTV 영상 파일을 받아와 책상에 앉았습니다. 무엇을 보게 될지 모르는 상황. 영화에서도 무섭거나 잔인한 장면은 절대 보지 못하는 성격인 탓에 흐린 눈을 하고 수십개의 CCTV 영상을 하나하나 확

● 소송이 시작될 때까지 기다렸다가는 사라져버리거나 훼손될 우려가 있는 증거를 미리 확보하기 위한 법적 절차로, 소송 제기 전이나 소송 계속 중에 신청하면 법원이 적절성을 판단하여 허가 여부를 결정합니다.

인했습니다. 그런데 웬걸? 수십시간에 달하는 그 긴 영상 속에는 무라드가 말한 어떠한 고문이나 인권침해 행위도 없었습니다. 그래, 우리나라 국가기관이 그 정도는 아니겠지 하는 약간의 안도감과 함께 무라드를 향한 배신감도 살짝 들었습니다. 이거 신청하고 받는 데 들인 시간과 노력이 얼만데….

'당신이 주장한 어떤 내용도 CCTV 영상에서 확인되지 않았다'는 내용을 전하자 그는 극도로 분노했습니다. 보호소에서 의도적으로 다 삭제하지 않고서는 그럴 수 없다는 것입니다. 시간, 장소 하나하나를 조목조목 따지는 그의 설명을 들으며 되새겨보니 그 수많은 동영상 속 등장하는 독방에는 아예 그의 모습 자체가 없었습니다. 불현듯 '아무 일도 일어나지 않은 게 아니라, 애초에 그는 다른 방에 있었던 것 아닐까?'라는 생각이 머리를 스쳤습니다. 첫번째 CCTV 신청은 화성외국인보호소에서 보내준 공식 문서에 적힌 시간과 장소에 따른 것이었습니다. 그래서 이번에는 오로지 무라드의 기억에 의지해 시간과 장소를 특정하고 CCTV 영상을 신청했습니다.

초조한 기다림 끝에 받아낸 또 하나의 방대한 파일. 떨리는 손으로 확인한 파일 속, 그곳에 손과 발이 묶인 채 몸이 새우처럼 뒤로 꺾인 그의 모습이 있었습니다. 한번이 아니었습니다. 10명 가까운 직원들이 달려들어 그의 몸을 제압하고 케이블 타이와 박스 테이프를 가져와 마치 물건 다루듯 그를 칭칭 감는 모습이 여과 없이 담겨 있었습니다.

애써 믿으려 하지 않았던 모습을 영상으로 생생하게 목도한 순간, 본능적으로 눈물이 차올랐습니다. 무라드에게 일어난 일에 대한 분노인지 그의 말을 믿지 않았던 스스로에 대한 분노인지 알 수 없는 복잡한 감정으로 눈물을 훔치며 생각했습니다. '아, 이거 큰 싸움이다.'

외국인을 보호하지 않는 외국인보호소

이 사건을 파고들기 전에 먼저 짚고 넘어가야 할 것이 있습니다. 명색이 '보호'라는 이름을 달고 있는 외국인보호소는 대체 어떤 곳이기에 구치소나 교도소에서도 일어날 수 없는 불법적인 고문 행위가 버젓이 일어나는 것일까요?

만약 누군가 오늘 당장 강도상해와 같은 심각한 범죄를 저지르더라도 당일 교도소로 직행하지는 않습니다. 의심되는 범죄 행위에 대하여 경찰, 검찰의 수사 단계를 거친 뒤 형사법원이 모든 요건을 고려하여 '징역 3년 6개월'처럼 명확한 기간을 정해 징역형을 선고하면 비로소 교도소에 입소하는 것입니다. 사람을 어딘가에 가둔다는 것은 인간의 가장 기본적 자유인 신체의 자유를 제한하는 것이기 때문에 여러 기관이 아주 엄격한 기준에 따라 제한하는 대상과 기한을 심사하는 것이죠.

그런데 외국인보호소에는 그러한 '절차'가 없습니다. 누가 외국인보호소에 가게 될지, 외국인보호소가 어떻게 운영되는지, 그곳에 들어간 사람들이 얼마나 오래 있어야 하는지 등 모든 것을 외국인의 출입국을 관리하는 법무부 스스로 그리고 혼자 판단합니다. 외국인보호소가 '외국인 범죄자들을 수용하는 교도소'가 아니라, 이론적으로는

'한국을 떠나야 하는 외국인들이 실제로 출국할 수 있을 때까지 보호하는 곳'이기 때문에 그렇습니다.

내부를 들여다보면 교도소처럼 혹은 교도소보다도 열악하게 운영됩니다. 교도소와 똑같이 정해진 옷과 신발을 착용하고, 하루에 한번 최대 30분 혹은 1시간으로 제한된 시간 외에는 바깥 공기를 쐴 수 없으며 가족 면회도 자유롭지 않습니다. 여러 국적과 종교의 외국인이 있다는 이유로 육류는 1년 365일 닭고기만 제공됩니다. '특별계호'라는 명목으로 언제든지 독방에 구금될 수 있고 여차하면 포승줄로 손발이 묶일 수도 있습니다. 그중에서도 가장 끔찍한 것은 '내가 대체 언제까지 구금되어 있어야 할지' 알 수 없다는 점입니다. 교도소가 아니기 때문에 범죄자에게도 지켜져야 하는 최소한의 권리조차 보장되지 않는 곳이 바로 외국인보호소입니다.

보호소 입소부터 입소 후 생활, 퇴소까지 기본권이 필연적으로 제한될 수밖에 없는 모든 단계를 법무부가 자의적으로 판단하고 심사해오면서 외국인보호소는 어느새 '새우 꺾기'와 같은 형태의 고문이 버젓이 자행되는, 그야말로 인권의 사각지대가 되어버리고 말았습니다.

누가 외국인보호소에 가나요?

화성외국인보호소를 포함해 청주와 여수, 울산까지 전국에는 4개의 외국인 전문 보호시설이 있고, 또 각 출입국·외국인청 사무실을 보호소처럼 사용하고 있는 곳도 있습니다. 법무부가 공개한 자료에 의하면 연간 3만명이 넘는 외국인이 외국인보호소를 거쳐 간다고 합니다. 2023년 5월 기준 3개월 이상 외국인보호소에 머무르는 장기 구금자는 그 수가 평균 100명에 달합니다.

대체 누가 외국인보호소에 가는 걸까요? 출입국과 관련된 법을 위반해 한국을 떠나라는 명령을 받은 외국인들이 출국하기 전까지 외국인보호소에서 지냅니다. 사실 외국인보호소는 교도소가 아니기 때문에 스스로 출국한다면 그날로 바로 외국인보호소를 벗어날 수 있습니다. 그런데 문제는 한국을 떠날 수 없는 사정으로 외국인보호소에 기약 없이 갇혀 있는 사람들이 존재한다는 것입니다.

먼저 한국에서의 법률관계가 정리되지 않은 사람들이 있습니다. 예를 들어, 일했던 곳에서 떼인 임금을 아직 받지 못했거나 일하다 당한 부상에 대해 배상이 이루어지지 않은 상태에서 추방 명령을 받은 사람들이죠. 한국에서 일하는 이주노동자들이 받지 못한 임금이 한해 평균 1,000억원을 넘는다고 합니다.* 한국에 있으면서도 받지 못하는 돈을, 과연 다른 나라에 가 있는 상태에서 받을 수 있을까요? 외국인이라는 이유로 정당한 노동의 대가를 받지 못한 사람들은 고국으로 돌아가고 싶어도 돈을 받기 전까지 쉽게 출국을 결심하지 못합니다.

돌아가고 싶어도 돌아갈 수 없는 사람들도 있습니다. 본국에서 전쟁이 발생하는 등 불가피한 사정으로 여권 발급이 안 되는 나라의 사람이나 혹은 본국으로 돌아갔을 때 생명의 위협을 받을 수도 있는 난민 신청자들은 한국에서 추방 명령을 받아도 안전하게 돌아갈 곳이

---

* 고용노동부가 발표한 '2023년 내외국인 임금체불 현황'에 따르면, 최근 이주노동자에 대한 임금체불액이 급증해 2023년 기준 1,215억원에 달한다고 합니다.

없기에 출국할 수 없습니다.

1퍼센트도 안 되는 난민 인정 확률을 뚫고 단번에 난민으로 인정되면 얼마나 좋으련만, 현실은 그렇지 않습니다. 100명 중 1명이 간신히 난민으로 인정받는 한국에서, 실패한 99명의 난민 신청자들은 대체 어디로 가야 할까요? 새우 꺾기 고문 피해자인 무라드 역시 본국에서 박해를 받을 수 있는 위험 때문에 난민 신청을 한 상태였습니다. 첫번째 난민 신청에 실패하고 두번째 난민 신청을 한 뒤 빈털터리였던 그는 다른 나라로 갈 비행기 표도 구하지 못하는 상황이었고, 결국 한국에서 난민 인정을 받을 때까지 어떻게든 견뎌보기로 결심했다고 합니다. 그런데 그만 체류를 연장해야 하는 기한을 넘긴 상태로 출입국사무소 직원에게 적발돼 외국인보호소에 가게 되었다는 것입니다.[•]

무라드처럼 한국을 떠날 수도, 자신의 나라로 돌아갈 수도 없는 사람들은 외국인보호소에서 지내는 시간이 길어질 수밖에 없습니다. 사건이 발생한 화성외국인보호소에 최장기로 구금되었던 한 난민 신청자의 경우, 난민 심사 절차가 지연되면서 4년 8개월이나 보호소에 갇혀 있었습니다. '임시로 지내다 떠나는 것'을 전제로 운영되지만 어떤 이들은 필연적으로 오래 머무를 수밖에 없는 곳, 그런데 오래 있어야 하는 사람들에 대한 고려가 존재하지 않는 이곳, 외국인보호소의 인권침해적 운영에 대해서는 이미 오래전부터 지속적으로 문제가 제기되어왔습니다.

● 한국에서 난민 신청을 할 시 첫번째 난민 신청 기간 동안은 G-1(기타)비자를 받아 체류할 수 있지만, 두번째 난민 신청부터는 비자 대신 출국 명령서가 발부되고 난민 신청 기간 동안만 출국 명령의 집행을 유예해줄 뿐입니다. 신청 기간 중에도 통상 3개월에 한번 연장해야 하는 이 기한을 안내 미비, 언어·제도 미숙 등 불가피한 사유로 놓치게 되면 난민 신청자라도 강제퇴거 명령을 받고 외국인보호소에 가게 될 위험이 있습니다.

       '새우 꺾기를 당해도 싼 사람'은 누구인가

인권의 사각지대에서 거듭되는 비극

2007년 2월 11일 새벽, 여수외국인보호소 3층에서 화재가 발생했습니다. 불길이 외국인보호소를 집어삼키는 와중에도 담당 공무원들은 구금되어 있는 외국인들이 도주할 것을 걱정해 보호소 철창의 잠금장치를 열어주지 않았고, 결국 10명이 사망하고 17명이 부상을 입는 대참사로 이어졌습니다. 사람의 생명보다 외국인에 대한 관리·감독을 우선한 결과였습니다. 보호소 운영 방식에 대한 근본적인 성찰의 목소리가 터져 나왔으나 제대로 된 개선이 이루어지지 않았습니다. 그 뒤 15년 가까운 시간이 흐르며 시설은 더욱 낙후되었고, 외국인보호소에 가게 되는 사람들에 대한 사회적 관심이 더욱 희미해져가던 중 새우 꺾기 사건이 발생한 것입니다.

사실 이번 새우 꺾기 사건이 발생하기 불과 2년 전에도 화성외국인보호소에서 똑같은 방식의 고문을 당한 피해자가 국가인권위원회에 인권침해 진정을 한 적이 있습니다. 당시 국가인권위원회가 인권침해 문제를 지적하며 외국인보호소에 제도 개선을 요청했지만 달라지지 않았고, 결국 이번 비극이 발생한 것이죠.

어떻게 사람을 기약 없이 가두고 또 가둔 채 고문에 가까운 인권침해가 일어나도록 하는 법이 만들어졌고, 지금까지 이런 식으로 운영될 수 있었던 것일까요? 무라드의 새우 꺾기 CCTV 장면이 언론에 공개된 뒤, 과거 군사독재 정권 당시 국가기관으로부터 가혹 행위를 당했던 한 인권 활동가는 시사 프로그램과의 인터뷰를 통해 '새우 꺾기는 1980년대에 내가 당했던 고문'이라며, 독방에 집어넣고 신체적으로 징벌하는 방식의 폭력적인 대응이 외국인들에게는 여전히 자행되고 있다는 점을 강력히 비판했습니다. •

실제로 교도소·구치소와 같은 수용시설에서의 장비 사용에 관한 법인 '형의 집행 및 수용자의 처우에 관한 법률'과 그 시행령을 살펴보면, 무슨 장비를 어떤 요건을 갖추어 어떤 방식으로 사용해야 하는지 그림 설명까지 동원해 아주 구체적으로 정하고 있습니다. 새우 꺾기 같은 형식의 자세, 케이블 타이와 박스 테이프 사용 등은 이 법에 철저히 위배되는 것이지요.

그런데 외국인보호소는 '구금'이 아니라 '보호'를 목적으로 운영되는 곳이다보니 오히려 이런 구체적인 법적 제한이 모두 적용되지는 않습니다. 사람을 보호하라고 만들어진 곳에서 폭력적이고 압제적인 방식으로 장비를 사용할 것이라고는 상정하지 않은 것이지요. 이에 더해 한국인이 아닌 외국인, 그것도 '한국을 떠나기로 되어 있는 외국인'에 대한 법과 제도이기에 모두의 관심 밖에서 이다지도 허술한 채로 지속되어온 것입니다.

고문을 합법화하겠다는 법무부

좁디좁은 독방에서 새우 꺾기 고문을 당하는 무라드의 CCTV 영상

• 박래군 「화성외국인보호소, '한국판 관타나모'인가」, KBS 「시사 직격」, 2021.10.29.

'새우 꺾기를 당해도 싼 사람'은 누구인가

과 사진이 공개된 뒤, 우리는 국가인권위원회에 인권침해 진정을 제기하며 기자회견을 열었습니다. 차마 보기 힘들 정도로 끔찍한 모습이었지만 영상이 지니는 힘은 컸습니다. 그간 의심만 했을 뿐 확인할 수 없었던 외국인보호소의 실상이 드러나자 전국 각지에서 함께 대응하겠다는 분들이 나서주었습니다.

우선 공감·두루와 같은 공익변호사단체, 이주민지원단체, 난민 인권단체를 중심으로 대책위원회가 생겼습니다. 이 대책위원회는 2021년 9월 결성되어 2024년 3월 해산하기 전까지 수십번의 회의, 법무부와의 면담, 수많은 기자회견과 토론회, 증언대회 등 행사를 기획하고, 고문 사건을 둘러싼 모든 법적 분쟁을 대리했습니다.

법무부는 사건이 공개된 후 내부 조사를 통해 일부 인권침해 사실을 인정하면서도 피해자인 무라드를 풀어주지 않다가, 시민사회의 지속적인 요청에 결국 새우 꺾기 고문이 보도된 지 6개월이 지나서야 비로소 그를 풀어주었습니다. 무라드가 외국인보호소에 구금된 지 약 300일 만의 일이었습니다.

국가인권위원회도 빠르게 움직였습니다. 대책위원회가 제기한 인권침해 진정에 대해 국가인권위원회는 새우 꺾기 방식의 보호장비 사용은 그 피해자가 겪어야 할 신체적·인격적 고통을 고려했을 때 필요성을 인정하기 어렵고, 헌법에서 보호하는 신체의 자유와 인격권을 침해하는 행위라는 점을 확인해주었습니다.

그런데 사건 발생 1년 뒤, 법무부는 외국인보호소 내에서 다시는 이런 인권침해가 발생하지 않도록 전신 결박용 침대처럼 교도소 수감자들에게 합법적으로 쓸 수 있는 장비 13가지를 외국인보호소에 도입하겠다고 밝혔습니다. 뭔가 이상하지 않으신가요? '다시는 새우 꺾기 같은 인권침해가 발생하지 않도록 하라'는 요구에 대한 답이 '보호소를 교도소처럼 운영할 수 있도록 하는' 제도 정비라니요. 법무부가 자랑한 13가지의 새로운 장비 중에는 새우 꺾기 고문에 쓰인 '발목 보호장비'도 포함되어 있었습니다. 이를 보고 무라드는 이렇게 말했습니다.

> 새로운 고문 기구를 보았을 때, 잊고 싶었고 기억에서 지우려 했던 모든 감각과 기억이 튀어나와 나를 덮쳤습니다.
>
> —'외국인보호규칙 졸속개악 반대' 기자회견

시민단체들의 격렬한 반대로 인해 이 개정안은 무산되었지만, 얼마 지나지 않아 결국 논란이 된 발목 보호장비, 보호의자 등을 뺀 5종의 보호장비를 새롭게 도입하는 외국인보호규칙이 기습적으로 발표되고 시행되었습니다. 그중에는 '하체용 벨트형포승'이라는 어디에서도 본 적 없는 새로운 형식의 장비도 포함되었습니다. 그리고 새로운 법에 따르면 둘 이상의 보호장비를 동시에 사용할 수 있기 때문에 하체용 벨트형포승과 양손수갑을 이용하면 결국 양팔과 다리를 결박하는 사실상의 사지 구속이 가능해졌습니다.

없던 일도, 해도 되는 일도 아닌

국가기관에서 발생한 인권침해였기 때문에 우리는 궁극적으로 국가

'새우 꺾기를 당해도 싼 사람'은 누구인가

■ 외국인보호규칙 [별표 8] <신설 2022. 12. 5.>

보호장비의 종류별 사용방법(제43조의4제1항 관련)

1. 수갑
   가. 사용방법

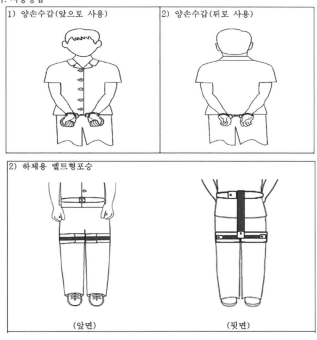

양손수갑과 하체용 벨트형포승 위 문서는 법무부가 2022년 12월 개정한 법무부령 제1038호 외국인보호규칙 중 '보호장비의 종류별 사용방법'의 일부입니다. 양손수갑과 하체용 벨트형포승을 사용해 팔다리를 어떻게 결박할지 그림까지 동원해 상세히 묘사하고 있습니다.

에 책임을 물어야 한다고 생각해 국가배상청구 소송을 제기하기로 결정했습니다. 이 소송의 취지와 목적, 교도소에서 발생한 유사한 사례들에 대한 판례를 참고해 현실적인 액수의 손해배상 예상 금액을 산정하고 무라드에게 설명하니, 그는 허탈하다는 듯이 이야기했습니다.

"외국인보호소 안에서 겪은 일들로 인해 나의 삶은 완전히 무너졌습니다. 소송에 이기더라도 내가 겪은 그 끔찍한 일들이 고작 이 정도의 금액으로 없던 일이 될까봐 걱정됩니다. 오히려 '약간의 돈만 내면 누군가를 고문했다는 사실이 사라진다'는 결과가 나온다면 저는 이 소송을 진행하고 싶지 않습니다."

그러고 보니 3년이 넘는 기간 동안 누구도 그에게 잘못했다고 사과하지 않았습니다. 자신이 겪은 일을 계기로 크고 작은 제도 개선이 있었지만, 정작 무라드의 삶은 피폐했습니다. 보호소 내에서 겪었던 끔찍한 기억은 보호소 밖에서도 그를 괴롭혔습니다. 사건 초기 법무부가 공개한 악의적인 정보들로 인해 관련 기사의 댓글은 늘 그를 향한 인신공격으로 가득했고, 고문 사건을 비판하는 외신 보도에 대한 대중들의 반응 역시 싸늘했습니다. 자신을 조롱하고 고문했던 사람들의 얼굴이 떠올라 잠 못 이루는 밤들이 이어졌습니다. 그 고통을 온몸으로 살아내고 있는 그의 한마디에 손해배상액을 전면 재검토하기로 했습니다.

진지한 논의를 거쳐 손해배상액을 높인 뒤 국가배상청구 소송을 제기했습니다. 법정에서 쌍방이 처음 만난 날, 법무부는 '모든 위법 사실에 대해 인정하지 않는다'고 했습니다. 분명 법무부 스스로도 내부 조사를 통해 인권침해가 있었다는 것을 인정했고 국가인권위원회도 인

'새우 꺾기를 당해도 싼 사람'은 누구인가

권침해 사실을 확인해주었는데 이제 와서 위법 사실을 전면 부인하다니, 허탈했습니다. 그 말을 들었을 때 무라드는 법정에서 소리를 지르고 싶었다고 회상했습니다.

1년 넘게 법적 공방을 지속하는 동안, 법무부는 무라드에게 생긴 모든 일들이 '보호소 직원들이 그의 난폭한 행동을 저지하는 과정에서 생긴 불가피한 사건'이라는 취지의 주장을 이어 갔습니다. '외국인보호소에서 이 정도의 재량은 인정되어야 한다'는 것이었습니다. 이에 대응해 우리는 '인간의 존엄성을 침해하는 고문 행위, 불이익한 처분은 재량의 범위를 넘어선 명백한 인권침해이고 불법 행위'라고 주장했습니다.

'이런 대우를 받을 만한 사람'은 없다

어쩌면 기울어진 운동장에서의 싸움이었습니다. 우리에게는 무라드의 또렷한 기억 그리고 CCTV에 찍힌 새우 꺾기 고문 장면, 몇 장의 서류 외에는 증거가 없었습니다. 반면 법무부는 독방 구금 및 보호장비 사용에 이르게 된 과정과 정황에 대해 작성한 내부 서류들, 그리고 사건 전후 무라드에게 불리한 장면만 골라 편집된 CCTV 영상 등을 적극 활용했습니다.

그런데 제출된 자료들 속에서 추가적인 불법과 인권침해의 정황이 확인되었습니다. 소송 과정에서 추가로 확보된 자료들을 종합하면, 무라드가 보호소에 입소한 지 6개월 만에 무려 18번 총 63일 동안 독방에 구금되었으며 그와 관련된 서류들은 구금 기간, 구금 사유 등이 기재되어 있지 않거나 정확하지 않은 경우가 많았습니다. 그리고 보호소 직원들은 총 3차례에 걸쳐 무라드에게 새우 꺾기 고문 행위를 하면서 법이 허용하지 않는 발목 수갑, 케이블 타이, 박스 테이프 등 위법한 장비까지 동원했습니다. 그중 한번은 사지가 결박되어 뒤로 꺾인 상태로 무려 3시간 넘게 방치되기도 했습니다.

간신히 추가 확보한 CCTV 속에서 10명 가까운 직원이 무라드를 둘러싸고 아무렇지 않게 박스 테이프를 가져와 묶는 모습, 꺾인 자세로 꿈틀대며 화장실 쪽으로 바닥을 기어가는 그의 모습을 또다시 확인했을 때, 세상 어디에도 '이런 대우를 받을 만한 사람'은 없다는 확신이 들었습니다.

그리고 2024년 5월 9일, 1년이 넘는 법정 공방 끝에 마침내 법원은 무라드에게 발생한 국가 폭력이 위법하다는 점을 확인하며 대한민국이 그에게 1,000만원의 배상금을 지불해야 한다는 판결을 내렸습니다. 외국인보호소에서 발생한 인권침해에 대해 손해배상을 인정한 국내 첫 판결이었습니다.

법원은 새우 꺾기 방식의 고문이 절대 용납될 수 없다는 점을 분명히 하면서, 더 나아가 무라드의 사건에서 외국인보호소의 자의적인 독방 구금 기간 산정, 박스 테이프나 케이블 타이와 같이 법에 정해져 있지 않은 장비의 사용에 대해 모두 위법하다고 판단했습니다. 비록 사건 공개 직후 법무부가 무라드의 개인정보를 공개하며 명예를 훼손한 점에 대해서는 위법성을 인정하지 않았다는 점에서 아쉽기도 했지만, 법원은 외국인보호소에 있는 외국인이라 하더라도 '신체의 자유'

와 같은 기본적인 인권이 존중되어야 한다는 전제를 거듭 강조했습니다. 2021년 새우 꺾기 CCTV 영상을 공개하면서 문제를 공론화한 지 3년이 지나서야 받아낸 승리였습니다.[●]

무라드가 쏘아올린 공, 그래도 세상은 나아졌다

민사법원, 형사법원, 헌법재판소, 국회, 청와대를 넘나들며 엎치락 뒤치락하는 과정에서 그래도 바뀐 것이 있었습니다. 우선 관련 규정들이 바뀌었습니다. 원래의 규정에 따르면 한번에 5일, 그리고 한번 연장하여 총 10일 연속으로 독방에 사람을 가둬둘 수 있었습니다. 무라드의 사건이 공개된 후 독방 구금은 72간 내 반드시 종료하도록 관련 규정이 바뀌었습니다.

또한 '보호소'의 운영이 사실상 구금시설과 같다는 비판이 지속되자, 법무부는 외국인보호소를 점진적으로 인권 친화적 보호시설로 바꿔나가겠다고 선언했습니다. 복도와 생활공간이 쇠창살로 구분되어 교도소나 다름없던 기존의 시설에서 쇠창살을 없애고, 주 2회 단 30분씩만 사용할 수 있던 운동장을 상시 사용할 수 있도록 하고, 엄격하게 제한되었던 인터넷 사용도 특정 공간 안에서는 상시화하겠다는 계획이었습니다. 비록 고문 사건이 발생한 화성외국인보호소, 그중에서도 여성들이 지내는 보호소에서만 시범적으로 운영되고 있으며 '보호소'

● 2025년 4월 30일, 항소심 법원 역시 무라드의 손을 들어주었습니다. 재판부는 새우 꺾기 사건이 보도된 직후 자의적으로 편집된 무라드의 영상 등을 동의 없이 배포한 것이 개인정보보호법 위반임을 인정했습니다.

라는 본래의 목적에 비추어볼 때 부족함이 많았지만 과거에 비해 아주 조금은 나아졌다고 할 수 있겠습니다.

무엇보다 가장 큰 변화는 바로 외국인의 출입국과 관련된 모든 내용을 정하고 있는 출입국관리법 제63조 제1항*과 관련된 헌법재판소의 결정이었습니다. 이 법 조항에 따르면 무라드와 같이 대한민국 밖으로 나갈 수 없는 외국인은 무기한으로 외국인보호소에 구금될 가능성이 있어 문제였습니다. 또 외국인에 대한 보호를 시작하고 지속하고 연장하는 모든 단계에서 제3의 독립기관이나 사법기관이 관여하지 않아 인권침해가 발생해도 개선하기 어려웠습니다.

2022년 10월 13일, 출입국관리법 제63조 제1항이 대한민국 헌법의 기본 가치에 위반되는지에 대해 헌법재판소가 공개적으로 심리를 했습니다. 외국인보호소에서 발생하는 기한 없는 구금, 별도의 관리·감독기구 없는 외국인보호소의 독자적인 운영 전반에 대한 질문 속에서, 한 재판관이 새우 꺾기 사건을 직접적으로 언급했고 법무부 측은 '잘못된 행동이었다'라고 시인했습니다.

재판관 소위 '새우 꺾기'라는 방식으로 과잉 진압했다는 설명이 있었어요. 이 방식이 보호소 내에서 합법적인 규정에 의한 조치였습니까?

법무부 그것은 규정에 없는 조치였습니다. (…) 발목에 찰 수갑이 없다보니까 포승을 사용했다가 그렇게 묶었던 것은 잘못된 행동이었습니다. 그래서 저희들이 이번에 그에 대한 반성을 계기로 외국인보호규칙을 변경하면

● 출입국관리법 제63조 제1항: 지방출입국·외국인관서의 장은 강제퇴거 명령을 받은 사람을 여권 미소지 또는 교통편 미확보 등의 사유로 즉시 대한민국 밖으로 송환할 수 없으면 송환할 수 있을 때까지 그를 보호시설에 보호할 수 있다.

　　　　　'새우 꺾기를 당해도 싼 사람'은 누구인가

서 일부 인권침해 논란이 있는 밧줄형 포승은 아예 사용조차 못하도록 폐지하였고요.*

공개 변론일로부터 약 5개월 후, 헌법재판소는 출입국관리법 제63조 제1항이 헌법에서 정하고 있는 과잉금지 원칙과 적법절차 원칙을 위반하여 외국인의 신체의 자유를 침해하므로 우리 헌법에 위반된다는 결정을 했습니다.** 사건 하나하나를 넘어 제도 자체를 바꾸게 될지도 모르는 엄청난 결정에 처음으로 모두가 웃으면서 기자회견을 하는 진귀한 경험을 했습니다.

자유와 정의를 위한 연대

외국인보호소 운영을 책임지고 있는 법무부의 영어 이름은 'Ministry of Justice'입니다. 무려 '정의正義부'라는 뜻을 담고 있지요. 무라드는 사건 초기부터 우리나라 법무부에 'Ministry of Injustice, 부정의不正義부'라고 이름 붙여 주었습니다. 자신의 목소리를 낼 방법도 없고 대변해줄 조력자를 구하기도 힘든, 외부와 연락이 닿지 않고 사람들이 관심을 두지 않는 가장 취약한 상황에 처한 외국인에게 '정의를 구현해야 하는 부처'에서 국가 차원의 조직적이고 체계적이며 지속적

---

* 2020헌가1, 2021헌가10(병합) 출입국관리법 제63조 제1항 위헌 제청 공개 변론.
** 다만 헌법재판소는 이 법이 즉시 효력을 상실할 경우의 혼란을 우려해 2025년 5월 31일까지 법을 개정할 수 있도록 하였습니다.

인 폭력을 저질렀으니까요.

무라드의 용감한 문제 제기로 세상에 드러난 이 사건은 공감에 입사한 뒤 맡았던 어떤 사건과도 견주기 어려울 정도로 끔찍했고, 복잡했고, 또 길었습니다. 국가배상청구 소송을 비롯해 그를 둘러싼 각종 소송이 여전히 진행 중이고 법무부가 약속했던 외국인보호소의 운영 개선도 요원합니다.

그럼에도 지금까지 지치지 않고 이 힘든 싸움을 헤쳐올 수 있었던 것은 '연대'의 힘이었습니다. 3년간 외국인보호소 안에 갇혀 있던 피해 당사자가 밖으로 나와 활동가로서 동료가 되는 모습, 기자회견·증언 대회·연대의 밤 등 기발한 방식으로 운동을 지치지 않고 이어와준 동료 시민과 활동가 들의 열정적인 모습을 보면서 '함께한다'는 것이 무엇인지 진실로 느낄 수 있었습니다. 사건 초기부터 연대하여 가장 가까이서 함께했고 지금까지도 무라드의 이야기가 나오면 눈시울을 적시는 동료들 덕분에 아직 끝나지 않은 이 싸움을 계속해나갈 힘을 얻습니다.

무라드가 외국인보호소에 갇혀 있던 시기, 그는 미리 써둔 편지나 진술서를 활동가에게 전달하는 방식으로 외부와 소통했습니다. 그의 글 마지막에 항상 등장한 짧은 구호가 있습니다. 그가 외국인보호소 밖으로 나와 우리와 함께 기자회견을 하고 발언을 할 때 우리는 모두 함께 그 구호를 외쳤습니다. 무라드가 자신의 피해에 상응하는 배상과 진실된 사과를 받는 날, 그가 쏘아올린 공 덕분에 보호소에 기약 없이 갇힌 사람들의 삶이 조금이라도 나은 방향으로 바뀌는 날, 법무부가 '부정의부'의 오명을 벗고 가장 취약한 처지의 외국인에게도 그 이

름에 걸맞은 정의로운 법 집행을 하는 날을 기다리며 그 구호를 크게
외쳐봅니다.

"FREEDOM & JUSTICE(자유와 정의)!"

누군가에게는 결혼도 투쟁이 된다

동성 동반자

건강보험 피부양자 자격 인정 소송

장서연 '키 큰 나무숲을 지나면 키가 커진다'는 말이 있듯이, 좋은 동료들과 함께 사건과 소송을 지나오며 키가 한뼘 자랐습니다. 성소수자, HIV/AIDS 감염인, 홈리스 인권에 관한 일을 주로 합니다.

"우리 입양할까?"

추석 명절이 지난 며칠 후였습니다. 함께 살고 있는 화영언니가 대뜸 저에게 물었습니다. 화영언니는 저와 함께 산 지 18년 된 동성 파트너입니다. 여기서 '입양한다'는 의미는 '아이를 입양하자'는 것이 아닙니다. 저보다 연상인 화영언니가 연하인 저를 '입양'하겠다는 의미입니다. 저와 화영언니는 18년을 함께 살았지만, 법적으로는 아무런 관계도 아닌 남남이니 입양으로 법적 관계를 만들어야 하나 고민을 털어놓은 것입니다. 어느덧 화영언니의 나이도 50대가 되다보니 법적 공백으로 인한 불안감이 슬며시 고개를 들었나봅니다.

하지만 저는 단호하게 "싫다"고 답했습니다. 우리의 관계는 모녀 관계가 아니니까요. 실질과 다른 편법으로 법적 관계를 만들고 싶지 않았습니다. 그리고 저는 '동성결혼 제도화'가 되기까지 사람들이 예상하는 것보다 오래 걸리지 않을 것이라고 생각합니다. 적어도 3년, 길어도 5년 안에는 동성결혼이 제도화될 것이라고 호기롭게 말했습니다. 그 시간을 앞당기기 위해 활동가들이 노력하고 있다고요. 그리고 변호사 유머도 곁들였습니다. "배우자는 상속분도 다르다. 자녀는 지분이 1이지만, 배우자는 지분이 1.5야."

농담 섞인 대화였지만, 그 대화의 기저에는 우리의 관계를 법적으로 보호받지 못한다는 불안과 우리의 존재가 국가의 공적 인정에서 배제되어 있다는 분노가 깔려 있었습니다.

누군가에게는 결혼도 투쟁이 된다

어느 시대, 어느 지역에나 동성애자들은 존재해왔습니다. 전세계에서 동성결혼을 최초로 제도화한 국가는 2001년 네덜란드입니다. 2000년대 유럽 국가를 시작으로 2005년 캐나다, 2006년 남아프리카공화국으로 확산되었고, 2010년대에 그 수가 가파르게 증가했습니다. 2019년 대만, 2025년 태국 등 아시아 국가에서도 동성결혼이 인정되어 현재는 동성결혼이 제도화된 국가가 39개국에 달합니다.

한국에서 동성결혼 제도화를 위한 본격적인 소송은 2013년에 처음 시도되었습니다. 2013년 9월 7일, 커밍아웃한 오픈리^{openly} 게이 영화감독 김조광수씨와 그의 연인 김승환씨의 공개 결혼식이 청계천 광통교에서 많은 사람들의 축하와 지지를 받으며 성황리에 치러졌습니다. 하지만 그 와중에도 동성결혼을 반대하는 불청객이 난입하여 인분 섞은 오물을 뿌리는 사건이 발생하기도 하고, 결혼식 전날에는 목사라는 사람의 일행이 와서 몇시간 동안 찬송가를 부르며 결혼식 무대 설치를 방해하기도 했습니다.

한국에서도 사회적으로 알려지지는 않았지만 아주 오래전부터 제도와 상관없이 연인을 만나 연애하거나 동거하고, 언약식이나 결혼식을 치르고 사는 동성애자들이 많았습니다. 하지만 제도와 역사가 이들을 투명 인간으로 취급해왔습니다. 김조광수·김승환 부부는 본인들의 결혼식에 '당연한 결혼식'이라는 이름을 붙여 홍보했습니다. 동성애자들의 결혼이 '당연하게' 여겨지지 않는 사회를 향해 이것은 '당연한' 권리라고 선언했던 것입니다.

김조광수·김승환 부부는 결혼식에 그치지 않고, 관할 구청에 혼인신고도 했습니다. 하지만 관할 구청인 서대문구청은 이들의 혼인신고 수리를 거부했습니다. 당시 서대문구청장은 한 언론에 "동성결혼 반대한다"는 제목으로 직접 독자투고를 보내 "동성이 혼인까지 하겠다는 것은 전체 문화와 사회질서 법테두리 이전에 사회적인 규범으로도 사람의 질서와 공동체의 정체성에 있어 위험한 생각"[*]이라며 노골적인 반감을 드러냈습니다.

대한민국 민법은 법에서 정한 혼인의 금지 사유(중혼이나 근친혼 등)가 없다면 혼인신고를 수리해야 한다고 규정하고 있습니다. 동성결혼을 금지한다거나 제한하는 명확한 규정은 우리나라 법에 없습니다. 입법자들이 민법을 제정하거나 개정할 때 동성결혼에 관해 생각조차 못했기 때문일 것입니다. 그렇다면 법률 해석은 시민의 기본권

● 「[독자투고/문석진]동성결혼 반대한다」, 『동아일보』 2013.12.27.

을 최대한 보장하는 쪽으로 해석하는 것이 헌법의 취지에 걸맞은 '헌법 합치적 법률 해석'입니다. 하지만 서대문구청장은 민법 제815조에서 '당사자 간에 혼인의 합의가 없는 때는 무효로 한다'는 규정을 근거로 '동성 간 혼인은 혼인이 아니기 때문에 혼인의 합의가 없는 때'라고 보아야 한다는 순환오류적인 논리를 내세워 혼인신고 수리를 거부했습니다.

성소수자인권단체들은 김조광수·김승환 부부와 함께 한국 최초로 동성결혼 인정을 위한 소송을 진행하기로 했습니다. 2014년 5월 21일, 부부의 날을 맞아 우리는 '민주사회를 위한 변호사모임' 회원들의 신청을 받아 대규모 대리인단을 구성해 서울서부지방법원에 김조광수·김승환 부부의 혼인신고 불수리 처분에 대한 불복 신청을 제기했습니다.

법은 벽이 아니라 문이어야 한다

2015년 7월 6일, 소를 제기한 지 약 1년 후 서울서부지방법원에서 첫 심문 기일이 열렸습니다. 김조광수·김승환 부부와 대리인단 변호사들은 무지개 배지를 가슴에 달고 법정에 출석했습니다. 저는 평소에 변호사 배지를 잘 달지 않는데, 변호사가 된 지 9년 만에 처음으로 변호사 배지를 달았습니다. 그날은 변호사 배지 안에 그려진 정의를 상징하는 법의 저울이 특별하게 느껴졌기 때문입니다.

이날 심문에서는 신청인 당사자인 김조광수·김승환 부부의 본인신문과 건국대학교 법학전문대학원 한상희 교수, 고려대학교 보건과학대학 김승섭 교수, 부산대학교 법학전문대학원 오정진 교수를 관련 전문가로 불러 증인신문을 했습니다. 심문이 가사소송법에 따라 비공개로 진행되었기에 심문 기일 전후로 기자회견을 열었습니다.

김조광수·김승환 부부는 공개 결혼식에서도, 혼인신고나 소 제기 기자회견에서도 한번도 눈물을 보인 적이 없었는데 심문 기일 당일에는 눈시울을 적셨습니다. 김승환씨는 '법 제도에서의 불인정 때문에 받는 스트레스가 이렇게 큰지 자신도 몰랐다'고 밝혔고, 김조광수씨는 '감정적으로 많이 힘들었다'고 했습니다. 이성애자라면 그날 처음 만난 사람과도 구청에 가서 혼인 신고를 할 수 있지만, 동성 부부는 지극히 사적인 영역인 자신의 존재와 관계를 법과 만인 앞에 증명해야만 했습니다. 공동대리인단 중 한 변호사의 말처럼 '폭력적'인 상황이었습니다.

심문 기일에 법사회학과 법철학을 연구해온 오정진 교수는 다음과 같이 의견을 밝혔습니다.

이 상황에서 법을 어떻게 해석할 것인지가 우리가 현재 이 법정에 있는 이유입니다. 신청인이 혼인신고를 했으나 거부당했습니다. 법 앞에 나섰으나 거부되었습니다. 법이 이런 당사자를 보지 못했으므로, 제도가 당사자를 '없는 존재'로 취급한 것입니다. 법의 태도는 모든 인간이 사회 구성원으로 당당하게 살 수 있도록 보장해야 하는 것이나, 신청인들을 법이 보지 않는 존재로 취급한 것은 법이 문(門)이 아니라 벽으로 기능한 것입니다. 법의 바람직한 태도는 벽으로 작동하지 않는 것입니다. 존재를 인정하지 않고 동성혼인을 인정하지 않는 것은 세상을 축소시키는 일입니다. 법도 사회도 국가도 세상을 축소시킬 이유가 없습니다.

오정진 교수의 진술을 들으며, 성소수자로서 일상에서 느꼈던 소외감이나 말로 설명할 수 없던 모호한 감정들이 법정에서 언어가 되어 제게 꽂히는 것을 느꼈습니다. 성소수자의 존재가 법 앞에 무시당하고 있다는 것을 다시 한번 자각하는 현장이었습니다.

헌법에 명시된 결혼의 자유와 평등

헌법 제36조 제1항은 "혼인과 가족생활은 개인의 존엄과 양성의 평등을 기초로 성립되고 유지되어야 하며, 국가는 이를 보장한다"고 규정하고 있습니다. 그런데 일부 사람들은 여기서 '양성의 평등'이 '이성異性'으로 해석되는 것이므로 '혼인'이란 이성 간의 결합이라고 주장합니다.

헌법학자 한상희 교수는 심문 기일에 "기본권의 최대 보장이라는 맥락에서 바라볼 때, 헌법 제36조 제1항의 '양성의 평등'을 '이성 간의 결합'이라고 해석하는 것은 이 규정을 기본권 보장 규정이 아니라 오히려 기본권 제한 규정의 지위로 왜곡하는 것"이라고 했습니다. 이는 "혼인 금지 규정으로 변용될 것이 아니라 혼인 허용(혹은 방임) 규정으로 이해되어야 한다"면서 신청인들의 혼인신고를 수리하는 것이 기본권의 최대 보장을 규정하고 있는 우리 헌법에 합치되는 법률 해석

누군가에게는 결혼도 투쟁이 된다

이라고 말했습니다. 그리고 "혼인을 일남일녀의 결합이라고 주장하는 이유, 그에 대한 정당화 근거, 논리적 이론을 밝히고 있는 자료나 논문을 찾아보았으나 발견하지 못했다. 일남일녀는 혼인의 하나의 형식일 뿐, 혼인의 의미에 있어 일남일남, 일녀일녀 역시 일남일녀 못지 않게 아름답고 인정해야 할 결합의 방식이라는 것이 보편적 인식으로 굳어져 가고 있다."라고 밝혔습니다.*

혼인의 자유나 평등에 관해 제도 변화를 이뤄낸 사례는 외국에만 있지 않습니다. 이미 우리 헌법재판소는 1997년에 같은 성씨끼리 혼인을 금지한 동성동본 금혼제도同姓同本 禁婚制度에 대해 헌법 불합치 결정을 내렸습니다. "혼인제도와 가족제도는 인간의 존엄성 존중과 민주주의의 원리에 따라 규정되어야 하고, 모든 국민은 스스로 혼인할 것인가 하지 않을 것인가를 결정할 수 있고 혼인을 함에 있어서도 그 시기는 물론 상대방을 자유로이 선택할 수 있는 것이며 이러한 결정에 따라 혼인과 가족생활을 유지할 수 있고, 국가는 이를 보장해야 한다"고 결정의 이유를 적었습니다.**

아이를 낳아야만 의미 있는 결혼?

하지만 심문 기일 1년 후인 2016년 5월, 서울서부지방법원은 신청을 각하했습니다. 서대문구청의 혼인신고 불수리 처분이 위법하지 않다

- 한상희 교수의 2015. 4. 27. 자 혼인신고 불수리 처분에 대한 불복 신청과 관련한 의견서.
- 헌법재판소 1997. 7. 16. 선고 95헌가7 전원재판부 결정.

는 것입니다. 법원은 "혼인이 남녀의 결합 관계라는 본질에 변화가 없다"라며 "'혼인'을 '당사자의 성별을 불문하고 두 사람의 애정을 바탕으로 일생의 공동생활을 목적으로 하는 결합'으로 확장 해석할 수 없으므로, 동성인 신청인들의 합의를 '혼인의 합의'라고 할 수 없다"는 이유를 내세웠습니다.

그리고 남녀 간의 결합만을 혼인으로 인정하는 것이 평등권을 침해하지 않는다면서 그 이유로 "헌법과 민법, 관련 법령이 혼인을 인정하고 법적 혜택을 부여하는 것은 남녀 간의 결합을 통하여 공동의 자녀를 출산·양육하여 우리 사회의 새로운 구성원이 다시 만들어지고, 우리 사회가 지속적으로 유지·발전할 수 있는 토대를 형성하는 역할을 수행하기 때문"이라고 했습니다. 즉, 동성 간의 결합 관계는 공동의 자녀를 출산하여 양육할 수 없으므로 이성 간의 혼인과 본질적으로 다르다는 것입니다.

'공동의 자녀를 출산하여 양육'할 수 있어야만 결혼을 할 수 있나요? 자녀를 낳을 수 없거나 낳지 않기로 한 부부가 있을 수 있고, 동성 부부 중에서도 보조생식술을 통해 자녀를 출산하여 함께 양육하는 부부가 있습니다. 이성 부부는 자녀 출산 여부와 관련 없이 혼인신고를 접수하면서 동성 부부는 '자녀를 출산할 수 없다'는 이유로 혼인신고를 반려하는 것은 누가 봐도 명백한 차별입니다.

이는 이미 다른 국가들에서 반박된 논리입니다. 2017년 대만 최고 법원은 "이성혼의 요건으로 출산할 수 있는 능력을 요구하지 않고, 출산할 수 없다고 하여 혼인이 무효가 되거나 이혼이 명령되는 것도 아니어서 동성의 2인이 출산할 수 없다는 이유로 혼인을 허용하지 않는 것은 명백한 근거가 없는 차등 대우이고, 이러한 차등 대우는 헌법 제7조가 보호하는 평등권에 위배된다"고 판결한 바 있습니다.

찬란한 유언장

동성 부부를 위한 법과 제도가 없으니 동성 커플들은 자구책을 고민해야 합니다. 그중 하나가 '유언장'을 작성해두는 것입니다. 몇 년전, 한 레즈비언 커플 사건을 지원한 적이 있었습니다. 30대 커플이었는데, 교통사고로 한명이 사망한 사건이었습니다. 사망한 사람의 원가족들이 그동안은 연락도 끊고 살다가 사망 이후 갑자기 나타나서 그 파트너를 절도죄로 고소했습니다. 상속인이 아닌데 함께 거주하던 집에서 물건을 가져갔다는 이유였습니다.

경찰 조사에 동석하고 변호하여 '증거 불충분으로 혐의가 없다'는 불기소 처분을 받았습니다. 그런데 경찰 조사를 받는 그녀 옆에 변호인으로서 나란히 앉아 있는 이 상황이 너무 슬펐습니다. 사랑하는 사람을 교통사고로 잃고 누구보다 위로를 받아야 하는 사람인데, 절도범으로 경찰 조사를 받고 있는 이 순간이 너무나 비극적이었습니다. 성소수자 커뮤니티에서 종종 다음과 같은 소식이 들려옵니다. 파트너가 사망했는데 원 가족이 장례 절차 참여를 거부하거나 심지어 장지도 알려주지 않아 어디에 묻혀 있는지도 모른답니다. 상속을 인정하지 않는 경우는 훨씬 빈번하게 일어나는 일이었고요.

그래서 성소수자단체들은 정례적으로 '찬란한 유언장'이라는 행사를 합니다. 민법에서 규정하고 있는 방식으로 유언장을 미리 작성해 두는 것입니다. 파트너가 갑자기 아프거나 사고로 사망했을 때를 대비해 최소한의 안전장치를 두자는 의미이지요. 하지만 유언장을 작성해둔다고 차별이 다 해결되거나 안심할 수 있는 것은 아닙니다. 법적인 배우자가 아니기 때문에 세금 문제가 발생할 수 있고, 유류분*이라는 제도가 있어 다른 상속인들과 법적 분쟁이 발생할 수 있습니다. 무엇보다 혼인한 이성 부부는 이렇게 복잡한 절차 없이 배우자로서 상속인의 지위를 당연히 인정받는데, 동성 커플들은 끝 모를 비용과 시간을 들여야 한다는 사실 자체가 차별인 것입니다.

'사실혼 배우자'로서의 권리

동성 부부의 권리를 찾기 위한 노력은 계속되었습니다. 단계적으로 혼인 대신 '사실혼 배우자'의 권리를 먼저 인정받자는 전략을 세웠습니다. '사실상 부부의 관계나 다름없는' 사실혼 배우자는 혼인신고를 하지 않거나 못했더라도 몇몇 제도에서 법률혼 배우자와 동일한 권리를 인정받고 있습니다.

대표적으로 건강보험 피부양자 제도에서 건강보험 직장가입자의 사실혼 배우자는 인우보증서**만 제출하면, 직장가입자의 피부양자

● 상속 재산 가운데 상속을 받은 사람이 마음대로 처리하지 못하고 일정한 상속인을 위하여 법률상 반드시 남겨두어야 할 부분을 말합니다.
●● 특정한 사실에 대해 가까운 가족, 친척, 동료 등이 보증함을 기록하는 서류입니다.

자격이 인정되어 별도로 보험료를 납부하지 않아도 보호받을 수 있습니다. 동성 부부의 경우에도 혼인신고를 할 수는 없지만 혼인신고를 하지 않은 이성 간 사실혼 배우자와 동일한 상황이기 때문에 건강보험 피부양자로 인정받아야 한다는 것이 우리의 생각이었습니다.

2017년에 구상된 계획이었지만, 실제로 소송이 제기된 것은 2021년이었습니다. 소송당사자가 될 수 있는 경우를 찾는 일부터 쉽지 않았습니다. 소송당사자가 되기 위해서는 부부 중 한명은 직장가입자여야 하고, 다른 한명은 직장에 다니지 않아야 합니다. 그리고 결정적으로 직장가입자 피부양자 등록 신청은 직장에 하는 것이기 때문에 직장에서 커밍아웃이 가능한 사람이어야 했습니다.

동성 커플들의 사례를 더 수집하고자 '성소수자 가족구성권 보장을 위한 네트워크'에서 동거 중인 동성 커플들을 대상으로 '동성동거커플 주거·의료·직장·연금 등 차별실태조사'를 실시했습니다. 이에 따르면, 동성 커플들은 주거를 마련할 때 혼인 관계로 인정받지 못해서 은행 대출에 어려움을 겪거나 아파트 청약 및 신혼부부 혜택 등 주거 정책에서 배제당하는 것을 어려운 점으로 꼽았습니다. 건강보험 피부양자 제도도 대표적인 차별 사례로 지목되었습니다.

그러던 중 마침 2020년, 남성 동성인 소성욱·김용민 부부가 국민건강보험공단에 사실혼 배우자로서 피부양자로 등록되었다가 사연이 언론에 보도되자 공단에서 등록을 취소한 사건이 일어났습니다. 소성욱·김용민 부부는 2017년부터 동거를 하다가 2019년 결혼식을 올렸고, 가족과 지인들로부터 부부로 인정받고 있었습니다. 그리고 국민건강보험공단 홈페이지에 "저희는 동성 부부라 한국에서는 아직 혼인신고를 하지 못하고 있습니다. 저희는 동거하고 있고, 결혼식을 올린 사실혼 관계에 있습니다. 저희도 다른 이성 부부들과 같이 피부양자 자격 취득 신고를 할 수 있는지 여부와 만약 가능하다면 피부양자 자격 취득 신고 절차를 알려주시기 바랍니다."라는 내용의 문의를 남겼습니다. 공단 직원은 관련 서류와 절차를 안내하면서 피부양자 자격 취득이 가능하다고 답변했고, 이들 부부는 공단의 안내에 따라 피부양자 자격 신고를 하여 2020년 2월에 사실혼 배우자로 피부양자 자격을 취득했습니다.

그런데 2020년 10월, 이들 부부가 언론과 인터뷰한 보도 이후 공단에서 갑자기 이들의 피부양자 자격을 취소했고 지금까지 미납한 건강보험료를 납부하라는 통지서를 보냈습니다. 이에 2021년 소성욱·김용민 부부는 성소수자인권단체들과 함께 국민건강보험공단을 상대로 서울행정법원에 소송을 제기하기로 했습니다.

한 발자국도 나아가지 않은 1심 판결

원고 측 대리인들은 동성 부부도 사실혼 관계에 있는 이성 부부와 본질적으로 다르지 않고, 모든 국민을 대상으로 하는 국민건강보험 제도의 목적을 고려하면 피부양자의 범위는 가족법에서 규정한 혼인 관계보다 넓어야 한다고 주장했습니다. 그리고 동성이라는 이유만으로 피부양자 자격을 불허하는 것은 헌법상 평등 원칙*을 위반한다고 강조했습니다.

하지만 1심 서울행정법원은 우리의 주장을 받아들이지 않았습니다. 법원은 "원고 부부가 서로를 반려로 맞아 함께 생활할 것에 합의하고, 사회적으로 이를 선언하는 의식도 치렀으며, 상당 기간 생활 공동체를 형성하여 동거하면서 서로에 대한 협조와 부양 책임을 지는 등 외견상 우리 사회 내에서 혼인 관계에 있는 자들의 공동생활과 유사한 관계를 유지하고 있는 점"은 인정했습니다. 하지만 현행 법체계상 사실혼의 '혼인'은 '남녀의 결합'으로 해석될 뿐이고 '동성 간의 결합'으로까지 확장하여 해석할 근거가 없다는 이유로 사실혼 배우자로 해석할 수 없으며, 이에 따라 건강보험법상 피부양자 자격을 인정할 수 없다고 했습니다. 그러고는 "동성 간의 결합이 남녀 간의 결합과 본질적으로 같다고 볼 수 없다"고 단정한 뒤, 양자를 달리 취급하는 것이 평등 원칙 위반에 해당하지 않는다고 판결했습니다.

우리는 이번 법원 판결이 2016년의 판결에서 한 발자국도 앞으로 나아가지 않았음에 실망했습니다. 전세계 39개국에서 동성결혼이 제도화된 시대에 여전히 혼인을 '남녀의 결합'이라고 해석하고, 심지어 생활 공동체의 유사함은 인정하지만 동성 간의 결합과 남녀 간의 결합은 본질적으로 같다고 볼 수 없다는 결론에 어떠한 근거도 붙이지 않았습니다. 우리는 바로 서울고등법원에 항소했습니다.

- 대한민국 헌법 제11조 제1항은 "모든 국민은 법 앞에 평등하다. 누구든지 성별·종교 또는 사회적 신분에 의하여 정치적·경제적·사회적·문화적 생활의 모든 영역에 있어서 차별을 받지 아니한다."고 규정합니다.

같은 것을 같게, 다른 것을 다르게

서울고등법원에서 2심 첫 변론 기일이 열렸습니다. 재판부석에 머리 희끗한 세 명의 판사들이 앉아 있었습니다. 사회적으로 이목이 집중된 사건이어서 법정은 원고 부부와 대리인들뿐만 아니라 기자, 활동가, 지지자로 가득했습니다.

변론이 시작되자마자 사건의 주심을 맡은 재판장은 원고와 피고 측에 이 사건의 쟁점을 '평등 원칙 위반 여부'로 보겠다고 하면서, 건강보험 피부양자 제도에서 동성 부부와 이성 부부가 본질적으로 다르지 않다는 원고의 주장에 대해 반박하는 내용의 서면을 제출하라고 피고 국민건강보험공단에 명령했습니다. 법원의 석명 명령에도 불구하고 공단은 민법상 혼인이 아니어서 본질적으로 다르다고 주장할 뿐 제대로 된 반박을 하지 못했습니다.

2023년 2월 21일 2심 선고 기일, 이날도 법정은 기자들과 방청인들로 가득 찼고 법원 앞에는 2심 선고 결과에 대한 기자회견을 준비하는 활동가와 취재진으로 북적이고 있었습니다. 기자회견을 준비한 활동가들은 승소와 패소를 대비해 두 가지 피켓을 준비해두었습니다. 방청석 가득 메운 법정 안으로 판사들이 들어왔습니다. 주심 판사의 무표정한 얼굴에서는 선고 결과를 예측하기가 어려웠습니다. 주심 판사가 드디어 사건 번호를 부르고 주문을 읽는 순간 법정 안 기자들의 자판기 두드리는 소리가 빨라졌습니다.

제1심 판결을 취소한다. 피고가 원고에 대하여 한 보험료 부과 처분을 취

소한다.

재판부는 판결 주문만 읽고는 판결 이유를 밝히지 않고 선고를 마쳤습니다. 소송당사자인 원고 부부는 재판부의 주문을 이해하지 못한 채 어리둥절해하고 있었습니다. 대리인들이 원고 부부에게 승소했다고 하자, 그들은 그제야 마음껏 기뻐했습니다. 2021년 2월 소송을 제기한 지 2년 만이었습니다. 패소를 대비해 만든 피켓은 찢어버리고, '평등' '사랑' '가족' '혼인평등'이라는 단어가 새겨진 색색의 승소용 피켓을 들고 선고 기자회견을 열 수 있었습니다.

얼마 뒤 법원에서 보내온 판결문 전문에 따르면 서울고등법원은 평등 원칙이란 "본질적으로 같은 것을 같게, 다른 것을 다르게 취급하는 것"을 의미하며, 이를 위배하면 평등 원칙 위반이라고 했습니다. 그러면서 원고 부부는 동성이라는 점을 제외하면 사실혼 관계에 있는 이성 부부 집단과 본질적으로 다르다고 할 수 없다고 했습니다. 원고 부부도 이성 부부와 마찬가지로 혼인의 합의로서 동거·부양·협조·정조 의무에 대한 합치가 있고, 밀접한 정서적·경제적 생활 공동체로서의 실체가 인정되기 때문입니다. 따라서 공단이 원고 부부에게 피부양자 자격을 인정하지 않는 것은 성적 지향을 이유로 본질적으로 동일한 집단에 대해 차별 대우를 한 것이므로 위법하다는 결론을 내렸습니다.

서울고등법원 판결의 반향은 컸습니다. 많은 언론에서 이 판결을 즉시 보도했고, 성소수자 커뮤니티의 반응도 뜨거웠습니다. 하지만 국민건강보험공단이 2심 판결에 불복하면서 사건은 대법원까지 가게 되었습니다.

대법원, 동성 동반자 건강보험 피부양자 자격 인정

2024년 7월 18일로 대법원 판결 선고 기일이 지정되었습니다. 선고 기일이 잡혔다는 소식을 들었을 때는 담담했는데 막상 당일 아침이 되자 긴장되고 설레는 감정이 올라왔습니다. 오늘의 판결로 '나의 삶'이 달라질 수도 있겠다는 생각이 들었기 때문입니다. 그동안 국가로부터 어떠한 공인도 받지 못했던 동성 커플들의 삶을 실제로 바꿀 수 있는 판결이라는 사실이 당일 아침이 되어서야 실감 났습니다.

원고 부부와 대리인단, 성소수자인권 활동가와 지지자 들이 법정 앞에 모였습니다. 비가 내린 이날에는 무지개색 우산을 준비해갔습니다. 삼엄한 검색대를 지나 법정 안으로 들어섰습니다. 13명의 대법관들이 나와 착석했습니다. 당일에 3건의 선고가 있었는데, 우리 사건은 마지막 순서였습니다. 대법원장이 사건의 주문과 이유를 읽어 내려갔습니다.

상고를 기각한다. 국민건강보험공단이 직장가입자와 사실상 혼인 관계에 있는 사람, 즉 이성 동반자와 달리 동성 동반자인 원고를 피부양자로 인정하지 않는 것은 합리적 이유 없이 원고에게 불이익을 주어 그를 사실상 혼인 관계에 있는 사람과 차별하는 것으로 헌법상 평등 원칙을 위반하여 위법하다.

2심 판결이 확정되는 순간이었습니다. 13명의 대법관 중 9명의 대법관이 다수의견으로 "동성 동반자를 직장가입자와 동성이라는 이유만으로 피부양자에서 배제하는 것은 성적 지향에 따른 차별로, 이는 인간의 존엄과 가치, 행복추구권, 사생활의 자유, 법 앞에 평등할 권리를 침해하는 차별 행위이고, 그 침해의 정도도 중하다"고 판결한 것입니다. 법정에는 조용한 환희가 흘렀습니다. 2014년 첫 동성결혼 소송을 제기한 지 딱 10년 만이었습니다.

전체 판결문은 65쪽에 달했는데, 김상환·오경미 대법관은 다수의견에 관한 보충의견으로 이 사건 속 침해의 중대성에 대해 다음과 같은 판결을 남겼습니다.

> 국가가 건강보험제도를 통해 일정 범위의 가정 공동체나 가족 관계에 있는 사람에 대하여 보호와 혜택을 주는 것은 단지 경제적 수혜의 제공을 넘어 그 대상인 공동체나 가족 관계에 대하여 사회 내에서의 존재 가치를 공인하는 특별한 의미를 갖게 된다. 이 사건 쟁점의 중요성은 바로 이 지점에 있다. 배제에서 오는 소외감은 사회 구성원으로 한 개인이 가지는 존재 가치를 잠식한다.

국민건강보험공단과 1심 법원은 원고가 피부양자로 인정되지 않음으로써 입게 되는 경제적 불이익은 크지 않고, 지역 가입자로 새로 가입해 보호받을 수 있다고 주장했습니다. 하지만 대법원은 이러한 주장은 "그 제도 안에서 존재 가치를 공인받은 '수혜자 신분'에서 할 수 있는 말일 뿐"이라며, 특히 가장 기본적인 사회 안전망인 건강보험제도의 보호에서조차 공식적으로 배제되는 것은 당사자에게는 사회와 국가의 공인된 보호를 받을 존재 가치를 부정당하는 것으로 받아들여질 수 있어 "인간 그 자신을 이루고 있는 성정체성과 성적 지향에 따라 스스로 인격을 형성하고 가정 공동체를 이루며 그 안에서 삶을 영위할 권리에 대한 감내하기 어려운 중대한 침해가 될 수 있다"고 설명했습니다. 그러면서 다음과 같이 덧붙였습니다.

> 이 상황이 당연하게 여겨진다면, 한 개인은 자신의 성정체성과 성적 지향을 확인하고서도 이에 따라 자신의 삶을 자유롭게 펼칠 공간을 찾을 수 없다. 편견과 혐오의 시선, 나아가 배제의 결과를 피하고자 자신을 있는 그대로 드러낼 수 없다. '숨겨진 나'와 '드러내는 나'가 따로 존재하는 분열의 상태에서 불안한 삶을 강요당할 수 있다.

공감의 변호사이자 당사자로서 성소수자인권에 관한 공익 소송을 진행하며 세운 목표 중 하나는, 법원의 판결을 통해 '성적 지향을 이유로 차별하면 안 된다'는 내용을 명확히 확인받는 것이었습니다. 소수자라는 정체성이 '틀린 것'이 아닌 '다른 것'에 불과하고, 그 존재 가치는 본질적으로 동일하며, 제도적으로 동등하게 보호받아야 한다는 법적 규범을 확립하는 것은 소수자들이 스스로를 긍정적으로 정체화하는 과정에서도 꼭 필요한 근거가 되기 때문입니다.

법원의 판결이라는 결과뿐만 아니라 공익 소송의 진행 과정 가운데 사회적으로 소외된 소수자 당사자들의 목소리를 공개된 법정에서 전달하는 기회 자체도 중요했습니다. 대법원 역시 "원고는 자신의 목소리로 직접 공개된 법정에서 인간의 존엄성과 평등의 원칙에 위배되는 이 사건 처분의 위헌성에 대하여 진지한 문제 제기를 할 수 있었을 뿐만 아니라, 이로 인하여 자신과 동성 동반자의 기본적 인권이 침해된 상황을 생생하게 전달할 수 있었다"라며 "법원으로서도 직접 대면하여 그들의 문제 제기와 주장을 경청함으로써 직접 경험하지 못할 수도 있는 소수자들의 삶의 객관적 실상, 차별적 처우가 소수자들의 삶에 미치는 영향을 세심하게 살필 수 있는 변론 과정을 거쳐 합당한 유권적 답변을 제공할 수 있게 된다. 원고가 법원에 물은 이상 법원은 답변하여야 한다."고 법원의 역할을 강조했습니다.

대법원 판결 이후, 원고 부부뿐 아니라 다른 동성 부부들도 직장가입자의 피부양자로 등록이 가능하게 되었습니다. 이제 동성 동반자도 이성 동반자와 마찬가지로 건강보험 자격 확인 취득 내역을 조회하면 '남편(사실혼)'이라는 법적 공인을 공식 문서로 받게 된 것이지요.

모든 국민은 존엄하며, 행복을 추구할 권리를 가진다

대법원의 판결을 디딤돌로 2024년 10월 10일, 우리는 오랫동안 준비해왔던 동성결혼 소송을 시작했습니다. 2014년에는 원고 당사자가 김조광수·김승환 부부 1쌍이었다면, 2024년에는 11쌍의 동성 부부가 원고로 나섰습니다. 이제는 언론에 이름과 얼굴, 사연을 공개할 수 있는 성소수자들이 많아졌다는 의미입니다. 성별도 연령도 가족 형태도 다양합니다. 자녀를 출산해 양육하고 있는 부부도 있고, 4년 뒤 환갑을 맞기 전에 결혼하고 싶다는 부부도 있습니다.

동반자 관계로서의 가치가 두 사람의 성별 구성이나 성정체성, 성적 지향에 따라 다르지 않다면, 국가는 마땅히 혼인 제도에 있어서도 차별 대우를 할 합리적 이유가 없습니다. 동성결혼 제도화는 비단 동성 부부들만의 문제는 아닙니다. 동성결혼이 제도화된 국가에서 청소년 성소수자들의 자살률이 감소했다는 연구 결과가 있습니다. 자신의 실존과 정체성을 존중하고 수용하는 사회와 그렇지 않은 사회에서 개인의 삶과 행복은 다를 수밖에 없습니다.

1997년, 동성동본 금혼제도가 헌법재판소의 헌법 불합치 결정으로 폐지되었을 때 저는 법과대학 1학년에 재학 중이었습니다. 당시 저는 그 누구에게도 커밍아웃을 하지 않은 상태였지요. 그 헌법재판소 결정은 제게 헌법 제10조의 가치가 실제로 우리 사회에서 작동할 수 있음을 신뢰하게 한 결정적인 계기였습니다. 대한민국 헌법 제10조는 말합니다. "모든 국민은 인간으로서의 존엄과 가치를 가지며, 행복을 추구할 권리를 가진다." 모든 인간의 존엄성과 법 앞의 평등. 제 인생 최고의 가치이자 규범으로 삼고 있는 신념입니다.

그로부터 오랜 시간이 흐른 뒤, 동성 동반자 건강보험 피부양자 사건에서 대법원은 성적 지향을 이유로 한 차별이 부당하다고, 그리고 성적 지향은 인간의 존엄과 가치에서 유래하는 근본적인 권리이자 행복추구권의 본질이라고 판결했습니다.

성적 지향의 영역은, 인간 실존의 가장 내밀한 영역으로서 그 안에서 발현

사랑이 이길 때까지 2024년 10월 10일 동성결혼의 법적 인정을 위해 11쌍의 동성 부부가 모여, 혼인신고를 수리하지 않는 행정처분에 불복하는 '혼인평등 소송'의 시작을 알렸습니다.

되는 개인의 타고난 성향이나 선택, 결단은 모두 인간의 존엄과 가치에서 유래하는 근본적인 권리이자 행복추구권의 본질을 이룬다. 국가가 이에 개입하여 개인의 성적 지향의 발현과 형성에 대하여 어떠한 가치평가적 행동을 한다는 것은 현대 민주주의 사회에서 상상할 수 없는 일이다.

이는 개개인의 성적 지향을 기반으로 맺은 동반자 관계에 대하여도 마찬가지이다. 그 누구의 가정 공동체도 타인이나 국가에 의해 폄훼되어도 괜찮은 것은 없다. 동성 동반자 관계에서 꾸리는 가정 공동체도 여느 사람과 똑같이 소중한 가정 공동체이다.*

저는 이제 우리 헌법재판소가 1997년 동성동본 금혼제도에 헌법 불합치 결정을 내렸던 것처럼, 2024년에 대법원이 동성 동반자에 대한 건강보험 피부양자 자격을 인정하는 판결을 했던 것처럼, 곧 동성결혼을 인정하지 않는 것은 헌법에 위반된다는 결정을 할 것이라고 기대합니다. 혼인 제도의 평등을 통해 한국사회에서 살아가고 있는 성소수자들의 인권을 한발 더 진전시키는 역사적 순간이 어서 오기를 바랍니다.

---

* 이상의 동성 동반자 건강보험 피부양자 소송 판결문 인용은 모두 대법원 2024. 7. 18. 선고 2023두36800 전원합의체 판결.

'그 방'에는 여전히
갇힌 사람들이 있다

텔레그램 성착취 및 불법촬영 등

디지털성폭력 사건

백소윤   디지털성폭력 피해자들을 만나고 법정에 섰습니다. 가끔 두려움과 부담감에 숨이 막히고, 패배의 쓴맛에 울기도 합니다. 혼자서 할 수 있는 일이 너무 없다는 좌절감에 외롭기도 합니다. 하지만, 공감을 지지하는 많은 분들 덕에 다시 한번 용기를 냅니다.

여름비는 물줄기를 무섭게 쏟아내고선 언제 그랬냐는 듯 화창해집니다. 청량한 햇볕이 더해진 맑은 하늘을 보면 경이롭다가도 문득 비를 피해 몸을 숨겼던 제 모습이 스쳐서 서러워집니다. 그날도 한바탕 비가 지난 길을 사무실 응접실에 앉아 내려다보고 있었습니다. 문자가 한통 왔습니다. 건물 옥상에서 동네 뒷동산을 찍은 사진이었습니다. "변호사님, 갑자기 뜬 무지개가 너무 멋지길래요. 보여드리고 싶었어요." 자세히 보니 사진 속 하늘에 무지개가 걸려 있습니다. '피해자 가희다.' 왈칵 눈물이 쏟아졌습니다.

여전하죠, 엊그제도 또 신고하고 왔어요

가희(가명)는 텔레그램 성착취 사건 피해자였습니다. 사건이 종결되고 꽤 오랜 시간이 지난 뒤라 묻고 싶은 이야기가 많았지만 묻지 않았습니다. 가희는 전화번호와 주소는 물론, 주민등록번호와 이름까지 바꿔 새로 시작했습니다. 그 '시작'을 위한 형사 및 행정 절차를 제가 맡았으니, 저는 사건이 관통한 가희의 삶을 아는 몇 안 되는 사람 중 하나입니다. 성착취 사건의 경우 담당 변호사의 연락이 마냥 반갑진 않으리라 싶어 사건이 종결되고 나면 피해자가 직접 소식을 전해주지 않는 한 먼저 묻기 어렵습니다. 무소식이 희소식이라는 생각으로 지내다가 이렇게 불현듯 먼저 소식을 알려오면, 살아남아 자신의 자리를 지키고 있을 얼굴들이 떠오릅니다. 이어지는 안도감…. 설명되지 않는 복잡한 감정이 목구멍으로 올라오지만 참아봅니다.

피해자 가희와의 첫 만남을 떠올립니다. 깍지를 꼈지만 떨고 있는 손에 눈이 갔습니다. 저는 가지고 있던 손수건을 쓰시라고 책상 위에 올려두었습니다. 가희는 손수건을 꼭 쥐고 이야기를 이어갔습니다. 가희는 얼굴까지 드러난 불법촬영 피해를 입고 유포 협박을 당해 경찰에 신고했지만, 실제 유포가 확인된 뒤에 오라는 답을 받아 집으로 돌아갈 수밖에 없었습니다. 다음 날 가까운 경찰청 사이버수사대로 찾아가 신고했을 땐, 이미 피해 촬영물이 광범위하게 퍼져 상황을 수습할 수 없었습니다. 가해자들이 일자리 기회 제공을 빌미로 가희를 속여 계좌번호와 신분증 사진까지 취득한 상황이라 피해가 더 심각했지요. 피해자지원기관의 피해 촬영물 삭제와 채증, 추가 유포 방지를 위해 포털사이트 운영자들에 대한 게시물 삭제 및 연관 검색어 자동완성기능 제한 협조 요청, 피해자들의 신상 보호를 위한 주민등록번호 변경, 개명 신청, 범죄피해자 지원 신청까지 형사절차에 앞선 조치들이 긴박하게 이뤄졌습니다.

'n번방'. 가희의 삶을, 그리고 2020년대 한국사회를 관통한 바로 이 텔레그램 성착취 사건의 주요 공범들에게 범죄단체조직죄를 포함한 유죄 판결이 확정되기까지 3년이 넘는 시간이 걸렸습니다. 디지털성폭력 범죄의 심각성과 실태, 피해자지원 확대 필요성이 알려지고, 피해자지원단체들의 노력에 힘입어 사회적 문제로 다뤄진 덕에 양형기준 마련, 법정형 상향, 처벌 공백 보완 등 제도 변화까지 이어졌습니다. 지자체에 디지털성폭력 피해지원센터가 별도로 설치되어 밀착 지원을 시작한 곳도 늘었습니다. 각 기관엔 관련 법률자문단도 꾸려졌습니다.

한참 시간이 흘러 다시 가희와 연락하게 된 날, 전화기 너머 서로 어색하게 안부를 물었습니다. "별일 없으시죠?" 건강에 대한 염려, 졸업 축하, 새로 취업한 직장에 관한 불평 같은 답을 기대한 저의 질문에, 가희는 "여전하죠"라며 "유포가 계속되고 있어서 엊그제도 또 신고하고 왔어요"라고 근황을 전했습니다.

최초 유포자가 처벌된 지 3년이 지났지만, 피해자는 여전히 재유포 피해를 확인하는 중이었습니다. 가희는 포기하지 않고 대응해왔습니다. 예전처럼 고소를 위해 일일이 변호사를 찾지 않고, 늦은 밤에 제게 전화해 목 놓아 울지 않습니다. 담담한 목소리로 자신의 오늘을 제게 알릴 뿐입니다. 그동안 그가 감당했을 시간의 무게는 상상조차 어려워 물을 용기가 나지 않았습니다. 땅이 굳기도 전에 다시 쏟아 내리는 비가 언젠가 그치고 무지개 걸리는 날이 올 거라 믿으며, 피해자 변호사로서 당장 함께 쓸 수 있는 우산을 찾아 펼쳐봅니다.

n개의 성착취 'n번방' 사건이라는 새롭지만 오래된, 그리고 더욱 진화해가는 여성에 대한 성착취 양상을 목도하면서 피해자지원과 성착취 종식을 위해 오랜 기간 활동해왔던 단체들은 텔레그램 성착취공동대책위원회를 결성했습니다. 이 사건의 끔찍한 전모가 특정 플랫폼, 몇몇 개인의 일탈이 아니라, 지금까지 여성에 대한 성착취와 폭력을 내버려둔 우리 사회 전체의 문제임을 명백히 하고, 여성이 남성과 동등한 '사람'임을 분명히 하기 위해 목소리를 낸 것입니다.

너무나 까다로운 '동의하지 않았다'는 증명

  디지털성폭력 사건 피해 지원의 요점은 디지털성폭력이 기존의 성폭력 범죄와 같고도 다른 점, 즉 둘 간의 공통과 차이를 대조해 피해 확산을 막을 조치와 수사를 요청하고 피해의 심각성을 강조하는 데 있습니다. 겨우 사진 한장, 동영상 하나에 불과하다는 가벼운 생각은 촬영물이 오프라인 세상에 발휘할 수 있는 영향력과 온라인 세상의 잔인함을 지나치게 과소평가하는 데서 비롯합니다.

  주영(가명)은 온라인 쇼핑몰 모델을 제안받고 소위 '비공개 스튜디오 촬영'에 임했는데, 해당 촬영 참가자 중 1인이 무단으로 사진을 유포하면서 피해가 시작됐습니다. 가해자는 엄연히 참가비를 내고 모델의 동의를 얻은 촬영이었으며, 광범위한 유포가 아닌 '일대일 교환'이었고 최초 유포는 공개 게시판이 아닌 개인 클라우드 계정을 통해 제한적인 형태로 이뤄졌으므로 재유포에는 본인의 책임이 없다고 법정에서 일관되게 주장했습니다. 법원에 제출된 사건 기록에 담긴 '피해'는 컬러로 인쇄된 사진 수십장일 뿐이었지만, 실상 피해자는 학교를 휴학하고 경찰서와 정신과를 번갈아 찾았으며 추가 유포를 확인하기 위해 일상 전부를 불법 사이트 모니터링에 쏟았습니다.

  '성폭력'이라 하면 폭행과 협박, 위압적 지위를 수단으로 피해자의 의사를 완전히 제압한 강제추행이나 강간을 떠올리는 게 '보통'이었습니다. 하지만 성별 간 힘의 불균형으로 발생하는 성폭력이 항상 물리력을 동반하는 것은 아니라는, 즉 피해자의 동의를 얻지 않거나 의사에 반하는 권리 침탈 및 침해 행위에 초점을 맞춰야 한다는 문제의식이 오랫동안 이어져왔습니다.

불법촬영이나 비동의 유포 범죄에서도 피해자의 동의는 중요한 쟁점입니다. 피해 촬영물만 놓고 봐서는 촬영 전후 사정이 확실하지 않은 경우가 많기 때문입니다. 불법촬영에 대한 처벌 조항인 성폭력처벌법 제14조의 '의사에 반하는 촬영'과 '의사에 반하는 반포'에 해당하는지 여부가 늘 문제시됩니다. 법이 개정되기 전까지 촬영에 동의한 촬영물, 그리고 동의한 것으로 '사후' 판단되는 촬영물은 무분별하게 유포해도 처벌할 수 없었습니다. 보이지 않는 협박이나 거짓 설득, 찍고 지우겠다는 회유 같은 기망 행위를 밝히는 것도 쉽지 않습니다. 피해자와 가해자가 연인이거나 계약 관계라면 더욱 어렵습니다.

주영은 촬영 전 '실장'이라는 사람과 촬영 동의에 대한 구두계약을 했습니다. 촬영 당일 스튜디오에 도착했을 때, 창문도 없는 지하 공간에서 20명이 넘는 남성 사진가들에 둘러싸이자 거부 의사가 들었지만 '하기로 한' 촬영을 거부할 수 없어 자포자기하게 되었다고 합니다. 피해자의 진짜 의사는 동의가 아니므로 불법촬영이라고 주장했지만, 받아들여지지 않고 유포 행위만 기소되었습니다.

지독하게 무차별적이고 끈질긴

디지털성폭력은 촬영기기와 정보통신매체를 이용한 온라인 공간의 비대면성·익명성이 보장된 환경에서 이뤄진다는 점에서 가해자가 느끼는 죄책감도, 사회가 평가하는 가벌성도 상대적으로 덜한 듯 여겨집니다. 휴대전화나 초소형 카메라 등 대중화된 촬영기기를 범죄수단으로 삼아 누구나 실시간으로 찍고 전달하고 재생하고 저장할 수 있습니다. 이런 행위에 무의식적으로 동참하기도 하지요.

그렇기에 디지털성폭력이 기존의 성폭력과 달리 지니는 큰 특징은 피해의 무차별적 확산성, 반복성 그리고 지속성입니다. 최초 유포는 1회에 그쳤다고 하지만 피해자 주영은 최초 유포가 시작되고 2개월이 지나지 않아 대학교 같은 과 동기로부터 피해 사실을 전해 듣게 됩니다. 일면식 없는 무수한 가해자들을 상대로 한 수십번의 신고와 고소를 지금도 이어가고 10건이 넘는 재판을 지켜봐야 했으며 4년 넘게 지속되는 재유포 피해에 여전히 대응하고 있습니다.

그렇다면 수사나 재판에서는 디지털성폭력 범죄의 특수성을 고려한 응당한 가벌성 평가, 적절한 피해보상, 꼼꼼한 양형 반영이 이루어지고 있을까요? 디지털성범죄에서 가해자의 자백이나 반성은 피해자의 실제 피해 회복과 전혀 무관한 경우가 많습니다. 디지털성범죄의 특성상 가해자가 초기 수사에 협조하지 않아 그 사이 증거가 소실되거나 추가 유포 피해로 번지는 경우가 잦고, 증거 확보가 어려워 수사가 용이하지 않아 초범인데도 대량범이거나 추가 피해 규모가 눈덩이처럼 빠르게 불어나는 사례도 많습니다. 증거 은닉이나 인멸로 피해 촬영물의 원본 파일이 없어 복제물 삭제에 어려움을 겪기도 합니다. 그럼에도 다른 범죄와 동일하게 가해자의 자백·반성·초범 등을 감경사유로 적용해줄 때 피해자에게 형사절차를 통한 사건 해결의 의미는 반감될 수밖에 없습니다.

가해자만이 '가해자'가 아니다

그렇다고 디지털성폭력이 듣도 보도 못한 신종 범죄이기만 한 것은 아닙니다. 가해자'도' 등장하는 성관계 영상이 특정 성별에게만 협박 수단이 되는 이유는 뭘까요? 기술을 이용한 폭력과 피해가 양산되는 방식은 기존의 성폭력이 발생하는 맥락과 크게 다른 점이 없습니다. 비난의 대상은 기술 자체만이 아닙니다. 결국 피해 촬영물의 '내용'과 만들어지는 '제작 과정' '소비 주체'를 보면 기존의 성폭력과 결을 같이 한다는 것을 금방 알 수 있습니다.

디지털성폭력 피해자의 성비 역시 여성에 집중되어 있습니다. 디지털성범죄피해자지원센터의 통계에 따르면 피해자 중 여성의 비율은 2019년 87.8퍼센트였고, 남성 대상 '몸캠 피싱' 피해로 시끌했던 2020년에도 여성 피해자가 81.4퍼센트에 달했습니다. 성관계 불법촬영물은 등장한 여성에게만 협박 수단이 되고, 공개된 피해자의 일상 사진만 가지고도 다른 이미지와 합성해 성적 의미를 붙여 '팔리는' 게 현실입니다.

그런데 피해자가 신고를 하면 그 의도를 먼저 의심받고, 연인과의 '갈등'이나 '소란'으로 치부되며, 부적절한 금전 거래 조건부 촬영이나 사진 제공이 먼저였던 것 아닌지 질문받기도 합니다. '가해자 중심적 문화'에 따라 피해자가 신고 뒤에 경험하는 부정적 상황 그리고 사회 구조적으로 만들어진 '피해자다움'이라는 환상은 틀렸다는 지적이 대법원 판례를 통해 공감대를 얻었지만, 여전히 성폭력 사건 형사절차의 문턱을 높이는 '가해자 중심적 관점'은 디지털성폭력 피해 현장에서 깡패 같은 힘을 발휘하고 있습니다.

아동·청소년의 성보호에 관한 법률 제11조에 따르면 미성년자의 의사, 즉 동의 여부는 성착취물 제작죄 성립에 영향을 미치지 않습니다. 그러나 텔레그램 성착취 미성년 피해자들의 진술조서를 읽어보면 '스폰서를 소개받기 위해 사진을 먼저 보낸 게 맞냐'고 질문한 수사관들이 전국에 흩어져 있다는 사실을 쉽게 접할 수 있습니다. 피해자가 소리 없이 상대하고 있는 가해자들은 고소장에 적힌 가해자만이 다가 아니라는 것을 확인하는 순간이겠습니다.

증거가 아닌 '사람'으로서의 피해자

법원 1층은 꽤 분주했습니다. 가해자를 마주할까 걱정하는 주영과 법정 출석에 동행하기 위해 일찍 도착했는데, 주영은 더 일찍 와 있었습니다. 증인지원관이 피해자를 마중 나와 법정으로 통하는 별도의 복도와 엘리베이터를 이용해 함께 증인지원실로 이동했습니다. 주영이 이 자리에 앉기까지 수없는 다짐이 필요했습니다.

오늘은 최초 유포자에 대한 마지막 공판이 열리는 기일입니다. 지난 공판에서 곧장 선고 기일을 잡겠다는 재판부에 피해자 법정 진술을 위한 기일을 한번 더 잡아 달라 요청했지만 대차게 거절당했습니다. 소심함을 이겨내고 고집을 부려봤습니다. '피해자의 법정 진술권은 헌법상 보장된 권리'라는 글로만 써보던 말도 뱉어봤습니다. 보다 못한 공판 검사가 피해자를 '증인'으로 신청해줘 어렵사리 증인신문 기일이 추가되었습니다.

법원은 이미 제출된 자료와 피고인의 범행 인정으로 더이상 다툴 것이 없어 피해자 진술이 필요하지 않다고 했습니다. 하지만 법원에 제출된 사건 기록으로 확인할 수 있는 피해자의 피해는 캡처된 사진들이 인쇄된 종이 한장뿐입니다. 입체적인 '사람'으로 앉아 있는 가해자와는 달리 피해자가 자신의 목소리를 전달할 수 있는 방법은 많지 않습니다. 가해자는 법정에 출석해 여러 사정을 직접 알리고 자필 반성문을 써냈습니다. 그의 가족, 학교와 직장 동료가 선처를 호소하는 탄원서를 내기도 했습니다.

반면 피해자는 가족에게조차 피해 사실을 알리지 못하고 학교나 직장에 알려질까 조심했습니다. 뒤늦게 주영의 어머니에게 탄원서를 부탁했는데, 어머니는 주영의 피해 내용에 관해 '힘든 일'이라는 것 외에 아는 바가 없을 정도였습니다. 법원 관계자라면 '이런 일을 겪은 사람을 굳이 법정까지 불러야 할까'라고 생각할 수 있겠습니다. 불필요하게 피해자를 법정으로 소환하는 일이 부적절하다는 것에 동의합니다. 하지만 그 결정은 '충분히 정보를 제공받은' 피해자 본인의 선택이어야 한다고 믿습니다. 피해자도 헌법적으로 권리 행사를 보장받는 사건 당사자이기 때문입니다. 피해자가 직접 고민하고 결정하는 과정은 피해자가 형사절차에서 증거 따위로만 취급되는 것이 아니라 권리를 행사하는 행위라는 점에서 당사자에게 의미가 작지 않습니다.

'그 방'에는 여전히 갇힌 사람들이 있다

피해의 '사적 경험'을 넘어 '공적 인정'으로

피해자 변호사는 피해자를 대신해 재판 기록 열람을 신청할 수 있습니다. 열람은 신청 범위보다 항상 적게 일부분만 허락됩니다. 불허의 사유도 알 수 없고, 불복 방법도 없습니다. 되는 대로 허가범위 내 서류를 제가 직접 복사해 피해자에게 전달합니다. 주영은 공소장을 통해 검사의 기소 내용, 재판 과정이 기록된 공판조서, 가해자의 변호인이 작성한 의견서나 변론요지서, 가해자가 제출한 자필 반성문을 보고 공판 과정을 제한적이나마 지켜볼 수 있었습니다.

엄벌 탄원서를 준비하던 주영은 제게 자신이 직접 법정에서 피해에 대해 말할 수도 있는지 물었습니다. 가해자가 혐의를 부인하는 상황이 아니었고, 피해자의 진술이 증거가 되는 경우도 아니어서 큰 의미가 있지는 않았습니다. 하지만 주영에게 원하는지 물었습니다. 쉽지 않다는 걸 알지만, 가해자 목소리만큼의 무게로 피해자의 목소리를 전하고자 진술에 임하기로 했습니다.

법정 진술의 절차와 성폭력피해자 지원체계, 그럼에도 일어날 수 있는 일과 그런 상황에 대비한 방어법을 설명했습니다. 증인지원제도를 통해 법정 입장을 일반에 공개된 장소와는 다른 통로로 할 수 있고, 신뢰관계인 동석 신청을 하여 평소 조력하는 활동가와 가까이 있게 하겠다고 했습니다. 또 가해자의 퇴정을 요청해 얼굴을 마주하지 않을 수 있으며, 가해자 변호인의 2차 가해성 질의는 재판부에 제지를 요청할 수 있다는 것 등을 안내했습니다. 진술 내용을 사전에 연습해 보고, 만일의 상황들에 대해서도 짧게 준비했습니다.

주영은 피해의 심각성을 알리기 위해 검사 측 증인으로 법정에 앉았습니다. 가해자의 변호인은 별도로 질의하지 않겠다던 지난 기일에서의 약속과 달리 반대신문을 진행했습니다. 피해자가 촬영에 임할 때 촬영에 동의한 사실, 촬영물 활용에 대한 명확한 거부 의사 표현 여부, 촬영을 대가로 받은 금전 액수 등 피해자의 동의 여부, 부주의함, 불명료한 의사 표현이 가해자의 불법적 고의를 흐리게 만들 수 있음을 유도하는 질문에 응해야 했습니다. 반대신문의 내용은 사전에 알 수 없어 문제적 질문을 미리 막지 못했습니다. 사건과 무관한 질문이라고 이의를 제기하기 위해 손을 들었지만, 재판장이 먼저 '불필요한 질문이니 재질문하지 말고 피해자는 답할 필요 없다'고 정리했습니다.

주영은 유포 피해로 학업을 중단했고, 촬영물 삭제를 위해 애쓰고 있지만 역부족이라는 이야기를 꺼내며 결국 눈물을 참지 못했습니다. 과호흡으로 진술이 어려워져 잠시 절차가 중단되었습니다. 동석했던 활동가가 다가가 손을 잡고 물을 마실 수 있도록 도왔습니다. 진정되자 주영은 진술을 이어갔습니다. '나의 피해를 별것 아닌 것으로 보지 말아 달라. 사진 몇장이 아니다. 유포는 계속되고, 개인정보도 무분별하게 공개되고 있다. 엄한 처벌을 바란다.'는 말을 분명히 전했습니다. 법원 밖에서 다시 만난 주영과 우리는 함께해낸 모든 과정에 응원과 지지를 담아 서로의 마음을 토닥였습니다.

마침내 유죄 판결이 났습니다. 판결 자체보다 의미 있는 것은 그동안의 지난한 법적 과정과 판결 이유 안에 피해의 심각성에 대한 인정이 담기기까지 모든 순간에 피해자 주영이 있었다는 사실입니다. 주

'그 방'에는 여전히 갇힌 사람들이 있다

영이 겪은 일은 사적 경험으로 끝나지 않았습니다. 피해자가 정식 절차를 밟아 피해에 대해 공적 인정을 받기까지 피해자로서 접근할 수 있는 정보를 확인하고, 위험 요소를 검토하고, 제한된 선택지 속에서 그나마 할 수 있는 결정들로 이어져온 모든 과정은 주영이 사건 해결 의지를 굽히지 않도록 하는 힘으로 연결되었습니다. 검사나 재판부가 보는 차가운 형사기록 더미에는 피해자의 뜨거운 체온이 더해졌습니다. 주영은 더이상 인쇄된 종이나 모니터 속 사진으로만 존재하지 않았습니다. 주영의 용기로 사건을 마주한 모두는 디지털성폭력으로 인해 겪는 개인의 고통과 사회적 해악을 마주했습니다.

불법촬영에 '실패'하면 불법촬영이 아니다?

경기도 소재 한 아파트에 주거침입죄로 기소된 피의자가 있었습니다. 그의 범죄로 피해를 입은 민진(가명)은 가족과 함께 거주하는 아파트에서 복도 쪽으로 창이 나 있는 방을 썼습니다. 하루는 방으로 담배 냄새가 들어와 이상하게 여겼습니다. 어느 날은 방범창 창살을 두드리는 듯한 소리가 나 밤잠을 설쳤습니다. 날이 더워 창문을 열어두고 있다가 잠들기 전 분명 창을 닫고 잠들었는데, 아침에 일어나니 창문이 열려 있는 걸 발견하고 의아하게 여긴 날도 있었습니다.

그러던 어느 날, 불을 끄고 잠을 청하는데 창밖에서 기다란 막대 그림자가 창문을 향해 뻗어져 있는 것을 보게 되었습니다. 기겁하고 소리를 지르자 누군가 황급히 비상계단 입구 문을 닫으며 사라졌습니다. 관리실을 통해 CCTV를 돌려보니 신원을 알 수 없는 자가 복도를 서성이는 것이 확인됐지만 특별히 문제 될 행동을 하는 것은 확인할 수 없었습니다. 경찰에 신고하니 정 불안하면 방 안에 카메라를 설치해보라는 이야기를 들었습니다. 결국 민진은 방 안에 사용하지 않는 휴대전화를 녹화 상태로 켜두고 외출을 다녀왔습니다.

놀랍게도, 카메라에는 누군가 방 창문을 열려고 시도하는 장면, 기다란 막대기 그림자 하나가 창문의 열린 부분을 더듬는 장면이 담겨 있었습니다. 민진은 다시 경찰에 신고했고, 출동한 경찰이 CCTV를 더 광범위하게 확인한 결과 같은 아파트 거주자 중 한명을 피의자로 지목해 조사를 시작할 수 있었습니다. 피의자는 제시된 수사 자료들을 보고는 해당 복도에 있었던 사실을 시인했지만, 성적 목적을 가지고 집 안을 들여다보거나 촬영을 시도했다는 혐의에 대해서는 인정하지 않았습니다. 하지만 민진은 직접 취득한 증거를 통해 피의자가 방 안을 들여다보려고 시도했거나 들여다봤을 것이라 확신했고, 피의자를 성폭력처벌법 위반으로 고소하고자 피해자지원단체를 찾아 도움을 요청해 공감으로 사건이 연결됐습니다.

우리는 민진이 백방으로 노력해 수집한 증거들을 토대로 고소장을 제출했습니다. 휴대전화를 셀카봉에 장착해 방안을 촬영한 사실에 대해 카메라등이용촬영죄로 기소해달란 내용을 담았습니다. 경찰은 포렌식 진행 결과 촬영이나 유포 정황은 확인되지 않으니 염려하지 말라고 답했습니다. 그러나 피의자가 임의 제출한 카메라 기능이 있는 휴대전화는 고작 한대뿐. 그 휴대전화가 범행 당시 사용한 것인지도, 또다른 여러대의 휴대전화를 가지고 있을지도 모를 일이었습니다.

검사는 피의자를 불기소하기로 결정했습니다. 그 취지는 '방 안을 보기 위해 카메라를 방 안으로 향해 둔 것은 피의자도 인정하나, 방 안에 촬영 대상이 부재하였으므로 성적 욕망 또는 성적 수치심을 일으킬 수 있는 사람의 신체를 피사체로 하였다고 볼 수 없어 성폭력처벌법 제14조 범죄의 실행의 착수에 이르지 않았다'였습니다. '시도는 했으나 피해는 없었다' '시도만으로 처벌은 불가하다'라는 뜻으로 이해됩니다. 하지만 여러번의 시도가 확인된 이상 민진은 피의자의 모든 시도가 시도에 그쳤다고 단정할 수 없었습니다.

낯선 이가 공용 복도에 범죄 목적으로 침입했고, 1회가 아닌 수회에 걸쳐 주야간을 가리지 않고 과감하게 피해자의 사생활을 지켜보았으며, 실제 촬영 기능이 있는 카메라와 리모콘 기능이 있는 지지대를 이용해 카메라로 실내를 확인하기까지 했는데 그 당시 피해자가 방실에 존재하지 않았다는 이유로 실행의 착수, 즉 범죄의 시작조차 인정하지 않은 것입니다.

불안의 일상화

민진은 평범한 일상의 배경이던 집이 범죄 장소로 노출되었다는 사실에 큰 충격을 받았고, 의식주를 비롯한 모든 생활에 심각한 지장이 생겼습니다. 수사에서 밝혀지지 않은 촬영 또는 유포 피해는 없을지 두려웠습니다. 가해자의 얼굴조차 모르는 피해자는 혹여 복도나 엘리베이터, 분리수거장 등에서 가해자를 스칠지 모른다는 생각으로 두려움에 떨어야만 했습니다.

디지털성폭력의 중대한 폐해 중 하나는 불안의 일상화입니다. 공공화장실에 들어갈 때부터 나올 때까지, 지하철역 에스컬레이터와 계단을 오르내리는 동안 눈길 닿는 곳곳에 불법촬영 경고 스티커가 박혀 있습니다. 디지털성폭력 예방 강의를 마치고 나면 학교는 물론 지하철역에서도 절대 화장실을 이용하지 않는다는 여성들의 고충을 심심찮게 접할 수 있습니다.

디지털성범죄피해자지원센터의 상담 통계 가운데 '유포 불안'을 호소하는 상담 사례가 늘고 있다는 사실도 주목할 만합니다. 유포 불안은 상대방이 나의 촬영물을 소지하고 있는 것을 알고 있지만, 소지자에게 삭제를 요청할 수 없거나 소지자가 삭제에 응하지 않아 언제라도 유포될지 모른다는 혹은 이미 유포되었을지 모른다는 생각에 일상 영위가 힘든 상태를 말합니다. 이런 불안은 실체가 없지 않습니다. 피해를 당할 수 있다는 가능성을 염두에 둔 삶은 생활 방식과 활동 범위, 관계 형성에 제약으로 작용하고, 이를 해소하기 위한 개인적 노력은 사회구조적 변화가 따르지 않는 이상 괴로운 분투가 됩니다. 카메라등이용촬영죄를 처벌하는 성폭력처벌법 제14조가 보호하는 법익이 무엇인지에 대해 법원 판례는 '함부로 촬영당하지 않을 권리' 그리고 '의사에 반하여 성적대상화가 되지 않을 성적 자유'라고 밝혔습니다. 지극히 당연한 이 권리와 자유의 보호는 불순하고 불법적인 무수한 시도들로 항시 위협받습니다.

'그 방'에는 여전히 갇힌 사람들이 있다

피해자의 두려움이 비롯되는 곳

가해자는 결국 주거침입죄로만 기소되었습니다. 피해자 변호사로 공판에 출석해 가해자의 얼굴을 가까이서 마주했습니다. 공판 검사도, 재판장도 제게 '주거침입 범죄에 왜 피해자 변호사가 출석했는지' 물었습니다. 피해자 변호사는 보통 성폭력 사건에 한해 선임되고, 그때도 항상 출석하지는 않기 때문에 의아했나 봅니다. 가해자 측 변호인도 제 존재가 의식되었는지 먼저 '피해자는 불법촬영 피해를 입었다고 오해하고 있다'라며 입을 열었습니다.

피해자 변호사가 설명해보라는 진술 기회를 얻었습니다. 초기 사건 접수를 성폭력처벌법 제14조로 했으나 '납득할 수 없는 이유'로 불송치되어 이의 신청 중이라는 사실을 밝히고, 불기소 처분 사유의 문제점을 짧게 진술했습니다. 피해자가 수집한 증거를 제시하며 장기간 수회에 걸친 가해자의 주거침입 범죄로 인해 피해자의 일상이 무너졌다는 피해 사실도 알렸습니다. 대법원 양형기준에 따를 때 성적 목적 주거침입죄는 가중처벌 요소라는 의견서도 제출했습니다.

재판부는 가해자에게 피해자의 생활 안정을 위해 거주지를 이전할 계획이 있는지 물었습니다. 가해자 측은 '20대 초반 딸 둘이 있는데 대학교를 보내야 한다. 아내에게는 지병이 있어 경제적으로 녹록지 않다. 그래서 이사가 어렵다.'고 답했습니다. 피해 구제를 위해 노력할 의사를 물었건만 가해자 측은 선처가 필요한 사정을 말할 기회로 이용했습니다. 피해자 역시 가해자의 두 딸과 비슷한 또래라는 사실은 상관없다는 듯 말입니다. 피해자는 합의 의사가 없고 엄벌을 바란다는 탄원서를, 피해자지원단체는 촬영 및 유포 불안으로 여성이 경험하는 일상의 공포 및 유사 사례의 재발 방지를 위해 응당한 처벌을 해달라는 의견서를 제출했습니다.

안타깝게도 재판은 집행유예 선고로 마무리되었습니다. 판결 이유에는 피고인에게 유리한 사정으로 초범인 점, 아픈 가족을 부양하는 등 경제적 어려움이 있다는 점 등이 기재되어 있었습니다. 불굴의 의지로 증거를 직접 수집하고, 문제 제기를 지속했음에도 잇따른 '실패'를 경험한 피해자 민진은 '할 수 있는 것은 다 했다. 후회는 없다.'라며 메일을 보내왔습니다.

형사절차를 통한 정의 구현에는 실패했지만, 그 과정에서 자신의 용기와 힘, 조력자의 존재와 지지를 확인하면서 민진이 일상으로 돌아가 불안을 극복할 힘을 얻었기를 바라봅니다. 두려움은 결론에서가 아니라 아무런 시도도 할 수 없다는 무력감을 학습하는 과정에서 비롯합니다. 만족스러운 결과가 아니더라도 피해자에게 적절하고 충분한 정보 제공과 절차권을, 또 섬세한 조력을 보장해야 하는 이유입니다. 불안의 실재를 파악하고 위협적 시도를 적발하는 것에서 공동체의 역할이 시작됩니다. 사건이 가해자와 피해자 둘 사이에 일어난 일이라 하더라도, 사건의 결론이 변하지 않는다 하더라도, 그 과정마저 엉망진창으로 남지 않게끔 완충재 역할을 하는 것이 바로 우리가 몸담고 사는 '사회'의 임무이기 때문입니다.

피해 촬영물을 협박 수단으로 만드는 힘

　디지털성폭력의 가해자를 특정하기 어렵다는 것은 단순히 가상공간의 익명성만을 의미하진 않습니다. 개별적 행동의 연쇄, 즉 연속된 과정에 가해자들이 있고 과정을 거치면서 피해의 심각성은 배로 커져가는데, 개별 가해 행위에 대한 불법성을 드러내는 것은 쉽지 않습니다. 누군가는 불법촬영물을 만들고, 누군가는 이를 공유하며, 누군가는 봅니다. 그 사이사이를 채우는 행위들도 있습니다.

　각 행위마다 '이 정도는 괜찮다'는 태도가 배어 있습니다. 특히 재유포 행위는 불법촬영물을 직접 만들거나 광범위하게 유포하지는 않았다는 점에서 큰일이 아니라고 보는 경향이 짙습니다. 재유포자에 대해 실형 선고가 나는 사례 역시 많지 않지요. 불법촬영물 삭제지원 기관에서는 1년에 한번 피해자에게 삭제지원 경과를 보고합니다. 이 보고서들에 따르면 유포 현황 대비 실제 삭제까지 성공한 비율은 한자리 숫자에 불과합니다. 유포 사실을 발견한 뒤 실제로 삭제하기까지 그만큼 어렵다는 뜻이겠습니다.

　이 보고서를 참고 자료로 제공받은 한 지방법원에서는 재유포자에 대해 실형을 선고하면서 이런 이유를 남겼습니다.

　　디지털성범죄에 있어, 누군가는 오프라인에서 불법촬영, 협박, 강간, 강제추행 등을 통해 사진이나 영상을 제작하여 온라인을 통해 배포하고, 또 누군가는 이를 소비하거나 다시 유포하는 등으로 일련의 가해들이 지속적으로 연결되어 확대 재생산된다. 이는 결국 개인 한 사람에게 가하는 다수의 집단 성폭행에 다름 아니다. 피고인은 이와 같은 디지털 집단 성폭행의 공범으로 피해자에게 쉽게 회복될 수 없는 상처를 남겼다.

이 판결 이유가 제게는 디지털성폭력을 목격한 이의 차가운 분노이자 피해자에게 전하는 건조한 위로로 느껴졌습니다.

디지털성폭력은 연쇄 작용을 통해 파급력을 더하므로 '끝이 없는' 진행형 범죄라 할 수 있습니다. 피해 촬영물이 유포되기 시작하면 피해자를 특정할 수 있는 개인정보와 함께 피해자에 대한 거짓 정보 그리고 성적 모욕과 비하를 담은 '댓글'이 속도를 내며 따라붙습니다. 정보통신망법상 명예훼손이나 모욕으로 처벌 대상이 되는 것도 있지만, 단순 개인정보를 기재한 것이나 의견 표명에 해당하는 표현은 고소로 대응하기 쉽지 않습니다.

특히 저를 우울하게 하는 것은 피해 촬영물 자체만이 아니라 피해 촬영물을 '즐기는' 사람들의 태도와 반응, 즉 그들 사이의 '대화'입니다. 공동체에 대한 긍정적 믿음을 쓰레기통에 버리고 싶어지도록 만들 정도입니다. 특히 대학생 단톡방 사건과 같이 지인을 상대로 범행을 저지른 또래 집단이 피해 촬영물을 공유하며 나눈 대화는 끔찍합니다. 분명 이미지 속 인물은 그들이 일상을 같이 해오고, 하고 있고, 할 사람인데, 그 대화방에서는 '놀잇감'으로 전락합니다. 성적 평가, 성적 대상화를 넘어선 인격 비하, 피해자에 대한 거짓 경험 자랑, '장난스러운' 성폭력 범행 공모가 판을 칩니다.

섬뜩한 것은 대화자들 사이에 스며 있는 '유대감'입니다. 'n번방' 텔레그램 성착취 사건에서 피해 촬영물이 유포된 대화방의 참여자는 최대 26만명에 이르렀다고 합니다. 그 방이 닫힌 지금, 이들을 한 방 안에 묶은 '유대감'은 과연 사라졌을까요? 피해자지원단체들은 "그 방에 있던 모두가 공범"이라는 슬로건을 내걸고, 불법촬영물 '공급자'만이 아닌 그 배후의 '(공급을 부르는) 수요자'와 '관전자'들도 처벌하고 척결해야 한다는 사회적 책임을 강조했습니다. 이 문제의식이 공감대를 얻어 성폭력처벌법 제14조 제4항을 통해 피해 촬영물을 '소지·구입·저장·시청'하는 일련의 행위도 처벌 대상이 되었습니다. 피해를 인지하지 못해 피해자의 신고가 쉽지 않다는 점과 기소된 이들 대부분 '피해 촬영물이라는 인식이 없었다'라고 주장하며 고의를 부정하기 쉽다는 점에서 변화의 효용성은 지켜볼 일이겠습니다.

성폭력 피해자는 순진무구 또는 완전무결해야 한다는 환상이나 편견도 유포 협박에 힘을 더합니다. 하정(가명)은 장기간 오피스텔에 감금당해 성매매 강요 피해를 입다가 탈출해 몸을 숨기고 있었습니다. 얼마 지나지 않아 지인에게 '네 사진이 SNS에 올라왔다'는 이야기를 듣게 됩니다. 이른바 '업주'가 성매매 광고를 하려고 '찍어놓은(실제로는 찍도록 강요하여 받아놓은)' 하정의 전라 사진을 그의 일상 및 신분증 사진과 함께 SNS에 게시한 것입니다. 여기에 "빌려간 돈 ○○○○만원, 성매매로 갚기로 하고 도망, 소재지 신고자에게 포상금 ○○○만원 지급"이라는 설명을 더했습니다. 다급하게 하정이 사진을 내려달라고 업주에게 연락하자, 업주는 네 부모한테도 보여줄 수 있다며 당장 업소로 돌아오지 않으면 가만두지 않겠다고 협박했습니다.

게시물이 업주의 '가성비 좋은 협박 수단'이 된 데에는 성매매 여성에 대한 사회적 낙인도 한몫합니다. 하정에게는 자신의 신체가 다 드러난 사진을 모두가 볼 수 있게 됐단 사실보다, 가족이나 지인에게 자신이 성매매 여성이라는 것이 알려지는 쪽이 더 큰 두려움이었을지 모릅니다. 온라인에는 성매매 광고 배너가 넘쳐나고, 성매매 후기 공유 커뮤니티는 더없이 성황입니다. 그러나 업주나 관리자, 스폰서나 성구매자는 여전히 가시화되지 않습니다. 여성의 신체를 상품화하는 데 익숙한 가부장적 문화, 성매매 (피해) 여성에 대한 윤리적 비난과 사회적 낙인, 여성의 취약한 경제적 위치를 파고들어 이윤을 창출하는 금융시장과 오래된 성산업 구조… 피해 촬영물을 협박 수단으로 활용한 건 가해자지만, 협박 수단이 될 수 있게 만들어 준 건 바로 이 사회라는 진단을 내려봅니다.

'사장님'의 만행

인천의 어느 공장에서 일하던 이주노동자 기주(가명)는 화장실에서 검은색 물체를 발견했습니다. 카메라 같았습니다. 곧바로 경찰에 신고하고 자리로 돌아와 미싱기를 돌렸습니다. 그런데 사장님이 기주를 사무실로 불렀습니다. "경찰이 오면 잘못 신고했다고 해라"라는 말을 듣고 어안이 벙벙했습니다. 곧 카메라를 설치한 사람이 사장이란 걸 눈치챘습니다. 마침 도착한 경찰이 자신을 찾았고, 도망치듯 사무실에서 나온 기주는 짐을 챙겨 경찰과 함께 공장에서 나왔습니다. 그 뒤로 다시 출근하지 못했습니다.

경찰 조사를 받으려면 통역사가 필요했지만 제공받을 수 없었고,

한국말을 할 줄 아는 지인이 동석해 대신 설명했습니다. 경찰서를 나와 혼자 해결할 수 없겠단 생각에 기주는 이주민인권단체를 찾아가 도움을 요청했고, 돌고 돌아 제가 사건을 맡게 되었습니다. 피해자 진술 자료를 받고 피해자 변호사 선임서를 제출할 겸 경찰서에 들렀을 때, 경찰은 이미 피해자 변호사가 선임되어 있다고 했습니다. 경찰은 피해자가 선임에 동의했다는 서명이 기재된 서류를 보여줬지만, 정작 피해자는 변호사 선임 여부에 대해 전혀 모르고 있었습니다. 이주민의 출신국 언어로 피해자 안내 사항을 설명했을 리 없을 거란 합리적 의심이 들었습니다. 제 위임장을 내고, 먼저 선임된 피해자 국선변호사에게 사임 의사를 묻기 위해 연락했습니다. '안 그래도 말도 안 통하는데 어떻게 지원을 하나 했다, 당장 사임서를 내겠다'는 답이 돌아왔습니다. 주요한 피해자 조사절차들은 이미 다 끝난 뒤였습니다.

경찰은 이 사건에서 피해 촬영물이 발견되지 않아 곧 수사를 종결할 것이라 말했습니다. 피해자가 카메라를 빨리 발견해 '성적 수치심이 느껴질 신체'가 찍히지 않았단 말이었습니다. 범죄 목적으로 촬영 상태의 기기를 설치했으면 범행을 시작했다고 보아 미수범으로라도 처벌해야 하고, 다른 저장매체에 다른 피해 촬영물이나 여타 피해자가 확인될 수 있으니 적극적으로 수사를 진행해달라 요청했으나 반응은 심드렁했습니다.

고소장을 정식으로 접수하기 위해 피해자를 만났습니다. 이주여성상담센터의 활동가가 통역을 포함한 피해자지원을 맡았습니다. 피해 촬영물이 없어 처벌이 어렵단 경찰의 말을 전하자 피해자는 모국어로 "그럼 내가 바지 벗고 변기에 앉았어야 한다는 말이냐"며 화를 냈습니다. 통역되지 않아도 십분 공감할 수 있었습니다.

역시나 '사장님'의 만행은 불법촬영만이 아니었습니다. 사장은 평소 피해자에게 예쁘다며 볼을 만지거나, 심지어 껴안고 이마에 입을 맞추기까지 했습니다. 기주에게 남편이 있다는 것을 알고서 남편과의 관계는 만족스러운지 물은 적도 있었습니다. 전형적인 직장 내 성희롱 행위입니다.

장기간 지속된 피해를 참아야 했던 사정이 있었는지 묻자 사장이 '재입국 특례'를 약속했다고 답했습니다. '성실 외국인근로자 재입국 특례 제도'는 최장 4년 10개월인 취업 활동기간 동안 국내에 체류한 뒤 본국으로 돌아가야 하는 이주노동자들의 재입국 및 재취업 제한에 예외를 제공하는 제도입니다. 숙련된 노동자의 재입국 요건을 완화하여 동일 사업주가 동일 사업장에 그를 재고용할 수 있게끔 함으로써 사업주들의 편의를 봐주는 제도인데, 마치 이주노동자에게 특혜를 주는 것처럼 이해되곤 합니다. 특히 이 제도는 이주노동자에게 정당한 권리 행사를 포기하게 하는 문제가 있습니다. 한국에 입국해 같은 공장에서 일한 지 4년하고 5개월 정도 지난 기주는 곧 체류 기간 만료로 출국해야 하지만, 사장이 재취업을 약속했으니 5개월 정도만 더 견디면 재입국이 보장되는 상황이었습니다. 경제적 기회와 자원이 부족한 출신국 상황상 한국에서 일을 해 가족을 부양해야 했기에 사장의 직장 내 성희롱은 '웃음'으로 넘겨야 했습니다.

같은 곳에서 일하는 다른 이주노동자도 비슷한 사정을 서로 토로하곤 했습니다. 밤에만 나와 일하는 다른 이주노동자는 미등록 처지지만 사장이 일거리를 주기 때문에 참았다고, 그렇지만 예전에도 화장실에서 누가 카메라를 본 적이 있다고 이야기해줬습니다. 추가 신고나 진술서를 통한 증언으로 도와줄 수 있는지 물었지만, 그랬다가 사장이 자리를 비우게 되면 자신은 일거리를 잃게 된다며 거절했습니다. 불법촬영 범죄의 적극 수사를 촉구하는 의견에 이런 사정을 빼곡히 넣어 고소장을 접수했습니다.

한번, 한명으로 끝나지 않는 이유

검찰 수사관으로부터 연락이 왔습니다. 추가 수사가 필요한 저장매체에 대한 정보와 재입국 특례 제도에 대해 더 확인하고 싶다는 용건이었습니다. 공장에서 발견된 데스크톱에서 10여년 전 파일들이 일부 발견되어 피해자가 더 있는지 여죄 수사를 적극 검토해보겠다는 취지였습니다. 피해자가 사무실에서 목격한 또 다른 데스크톱 본체, 사장 주거지의 정보저장매체 등을 확인하고 계정 사용 기록을 면밀하게 살펴보아야 할 것이라 의견을 주고, 성희롱 강제추행 피해와 재입국 특례 제도의 문제점을 설명했습니다. 또 피해자는 해당 사건으로 인해 직장으로 돌아가지 못했지만, 가해자는 불구속 수사로 계속 사업장을 운영하고 있어 증거 인멸도 충분히 가능했다는 점도 알렸습니다.

얼마 뒤 늦은 오후, 가해자가 구속되었다는 연락을 받았습니다. 추가로 압수수색한 저장매체에서 같은 범행 장소인 공장 화장실에서 촬영된 것으로 보이는 피해 촬영물 200여건이 발견되었다고 했습니다. 장기간 이뤄진 성추행은 비록 유죄로 인정되진 않았지만, 재판부는 판결 이유에서 '피고인이 피해자를 성희롱 및 추행해온 정황이 보인다'고 지적했습니다.

재판에 제출된 가해자 측 양형 자료에서 눈에 띄는 게 있었습니다. 가해자가 운영하는 공장에서 일하는 이주노동자들의 탄원서였습니다. 사장에 대한 선처를 바라는 탄원서의 내용은 '자신들이 재입국 특례 혜택을 받아 계속 일하려면 공장이 운영되어야 하니 사장을 풀어달라'는 것이었습니다. 피해자들이 피해자를 돕지 못하고 가해자를 조력하는 상황, 한명의 피해자나 한번의 범행으로 끝나지 않는 원인을 다시 확인할 수 있었습니다. 다행히 판결문에는 '외국인의 취약한 지위와 재입국 특례 제도를 악용했다'는 점이 가해자에게 불리한 사정으로 언급되었습니다.

기주는 사건 종결 뒤 귀국했습니다. 당시 제도상 재입국과 재취업이 허용되더라도 '동일한 사업장에 취업해야 한다'는 규정에 따라 일할 곳이 없어져 재입국 특혜의 기회를 얻지 못했기 때문입니다. 이 사건을 계기로 성폭력 피해자의 경우 재입국 특례 자격 부여 기간을 완화하고 재입국 시 동일 사업장에서 반드시 근속하지 않아도 되게끔 규정이 개편되었습니다. 피해자의 용기 있는 사건 신고로 법 정의를 구현하고 유의미한 성과를 얻은 쪽은 피해자 본인이 아닌 한국사회였습니다. 기주는 사법절차가 진행되는 내내 한국의 피해자지원 제도로 혜택을 입어 염치가 없다고 이야기했습니다. 하지만 그가 범행 대상이 된 데에는 이주노동자에 대한 착취와 인권침해를 일삼는 우리 사회의 책임이 막중했기에 제가 더 면목이 없다고 답할 수밖에 없었습니다.

피해자 곁에 모이는 진심, 답을 찾는 조력자들

돌아보면 디지털성폭력 피해 지원 사건을 혼자 진행한 적은 없었습니다. 꺼질 듯한 사건의 불씨에 바람을 불어넣는 것은 피해자 변호사만이 아닙니다. 사건 당사자로서 용기와 다짐을 품고 나선 피해자가 있고, 그를 조력하기 위해 모여든 활동가들이 있었습니다. 법적 공백에 대한 문제의식을 공유하고, 피해자지원 제도의 개선 방향에 관한 아이디어를 나눈 것이 실제 정책에 반영되는 순간들을 지켜보며 피해자 곁에 모이는 진심과 그 힘을 확인합니다. 실패하는 순간이 더 많지만, 다음을 도모하며 사건 해결에 힘을 더하는 '주변인'들과 손잡게 됩니다.

사건 초기 피해자와 24시간 동행하며 신고부터 매회 공판 참관까지 함께하고 피해자의 증인 진술을 지켜보다 피해자가 힘들어하자 손을 잡아준 활동가, 텔레그램 성착취 피해자들의 법률 지원을 위해 전국에서 모인 변호사들, 피해자가 법정에 들어가기 전 긴장하지 않도록 세심하게 배려한 법원의 증인지원관, 농장에서 불법촬영 피해를 입은 외국인 피해자를 돕기 위해 직접 피해자지원 제도를 알아봐준 공무원, 재입국 특례 제도 등 피해자를 장기간 무력화한 환경에 대해 이해하고자 질문을 거듭하며 구속수사를 이끈 검찰 수사관, 최소한의 개인정보 제공과 익명으로 피해자지원을 받을 수 있도록 노력한 경찰과 군법무관, 주민등록번호 변경 시 피해자 주소지가 아닌 다른 관청에서도 신청이 가능하게끔 업무 매뉴얼까지 뒤져가며 방법을 알아봤던 주민센터 담당자도 기억납니다.

사건 해결 과정에서 받은 도움은 그 순간에 사라지지 않고 따뜻한 온기가 되어 오래 남습니다. 피해자들에게도 이 온기가 전달될 수 있기를 늘 바랐습니다. 피해자가 자신의 자리로 돌아갈 힘은 이 온기에서 비롯된다고 믿기 때문입니다. 주변인들의 꾸준한 참여 그리고 조력자라는 존재의 확인은 단지 형사소송과 같은 법적 절차가 사건 해결의 전부가 아니라는 사실을 보여줍니다.

디지털성폭력 범죄가 시작된 순간, 피해의 결과물과 사회 구성원 모두가 같은 곳 같은 시간 속에 현존합니다. 그 방이 닫혀도, 여전히 그 방에 갇힌 피해자가 존재할 수 있습니다. 이 현실을 직시하며 피해자를 위한 사건 해결과 피해 회복 지원이 논의되어야 합니다. 범죄 피해의 결과물이 피해자의 삶을 위태로이 만들게 둘 것인가, 피해자를 협박하는 수단이 되게 할 것인가, 사회 구성원 간의 신뢰와 안전을 무너뜨리게 둘 것인가. 사건 주변인들이 그리고 우리가 피해자의 조력자로 나선다면, 이전보다 한걸음 더 나은 답을 얻을 수 있을 거라 믿습니다.

'그 방'에는 여전히 갇힌 사람들이 있다

모범 학생 민호는 왜
추방될 수밖에 없었나

미등록 이주아동

강제퇴거 사건

황필규 끝이 없는 길이기에 끝까지 갈 수 있다는 생각으로 하루하루를 살아갑니다. 다양한 취약성에 노출된 이들, 이주민, 난민, 아동, 탈북민, 해외입양인, 재난참사 피해자와 함께하고자 합니다. 꼭 필요할 때 편하게 다가갈 수 있는 만만한 변호사로 계속 남기를 희망합니다. 바로 지금 여기.

"몽골 새끼."

민호(가명)의 고등학교 생활은, 한국에서의 삶은 이 한마디 욕설로 인해 엄청난 격랑에 휩싸이게 됩니다.

2012년 가을, 민호의 고등학교 담임 선생님의 급한 연락을 받았습니다. 체류 자격이 없던 몽골 출신 학생 민호가 단속되어 강제퇴거 명령을 받고 화성외국인보호소에 구금되어 있다는 소식이었지요. 민호는 학교에서 장학금도 받을 만큼 성실한 학생이었습니다.

아무 죄 없는 모범생의 억울한 추방

몽골로 돌아가는 한 친구의 환송회를 하다가 민호는 어머니에게서 온 전화를 받고 있었습니다. 지나가던 한국 학생들이 민호 친구들에게 '몽골 새끼'라고 욕설을 했고, 서로 어깨를 부딪치고 머리를 건드리며 싸움이 벌어졌습니다. 민호는 그만하라면서 친구들을 말렸습니다. 한국 학생들의 신고로 경찰이 출동했고, 싸움을 했던 다른 몽골 학생들은 도망갔습니다. 한국 학생들이 민호를 가리키며 '얘는 잘못이 없다. 가만히 있었다.'고 했지만 경찰은 그 자리에 남아 있던 민호를 연행해 경찰서로 데려갔습니다.

소식을 전해 들은 민호의 어머니가 수소문한 끝에, 자정이 훨씬 지나 다른 몽골 학생들도 경찰서에 오게 됩니다. 경찰은 다른 몽골 학생들이 한국말이 서툰 것에 반해 민호가 한국말을 잘하는 것을 보고 '네가 통역해라. 통역을 잘해주면 내보내주겠다.'고 했고 민호는 이른 아침까지 밤새 통역을 하게 됩니다. 하지만 약속과 달리 경찰은 '미등록 신분이라서 그냥 내보낼 수 없다'고 하며 민호를 출입국 당국에 인계했고, 민호는 수갑이 채워진 채 서울출입국관리사무소를 거쳐 구금시설인 화성외국인보호소로 보내졌습니다.

화성외국인보호소에 들어가자마자 담당 공무원은 별다른 고지나 내용 설명 없이 서류를 내밀며 서명을 종용했습니다. 민호는 말도 잘 통하지 않는 10여명의 성인과 같은 방에 감금되어 두려움에 떨면서 잠을 이루지 못했습니다. 민호에게는 그야말로 죄 없이 내던져진 '감옥'이었습니다. 민호의 부모님, 담임 선생님, 교회 목사님이 우선 급히 출입국관리사무소의 강제퇴거 명령에 대한 이의 신청과 보호일시해제 신청을 진행했습니다. 하지만 출입국관리사무소는 신청 절차가 오래 걸리고 보호일시해제가 된다 해도 수천만원의 보증금이 필요하며 어차피 머지않아 출국해야 한다고 했습니다. 화성외국인보호소도 민호에게 비슷한 이야기를 했고 3년 후에는 돌아올 수 있다고 하며 사실상 출국을 종용했습니다.

보호일시해제는 여러 사정을 고려하여 주거 제한 등 필요한 조건을 붙여 구금시설에서 풀려나 일상생활을 할 수 있게 하는 제도로 민호의 미성년 고등학생 신분과 학교 교육의 필요성 등을 고려하면 보증금 감면 및 교육기간 동안의 체류 보장이 가능할 수 있었습니다. 그리고 강제퇴거 후 재입국은 관행상 거의 이루어지지 않습니다. 따라서 공무원들의 설명은 전체적인 법규와 관행에 비추어 부정확하고 자의적인 것이었습니다. 하지만 결국 민호는 불특정 다수와의 공동감금 생활, 부실한 식사, 불결한 침구 등 구금 상태를 견디기 어려웠고 부모에게 경제적 부담을 지울 수 없다는 마음으로 강제퇴거에 응하게 되었습니다.

선생님은 구금시설에서 공항으로 향하는 민호를 멀리서 지켜볼 수밖에 없었다며, 학생을 포기할 수는 없다고 울음을 머금은 채 말했습니다. 선생님은 국가인권위원회와 이주인권단체들을 동분서주 찾아다니며 도움을 요청했습니다. 강제퇴거 이후 사실상 손쓸 방법이 없다고 체념해 있던 저도 선생님의 간절함을 목도하고 나니 한번 끝까지 해봐야겠다는 결심이 섰습니다.

철저히 무시당한 '아동 최선의 이익'

'미등록 이주아동'은 이주민 부모를 따라 한국으로 왔거나 한국에서 출생한 아동 중 부모의 체류 자격 상실로 인해 더불어 체류 자격을 부여받지 못한 아이들을 말합니다. 법무부 통계에 의하면 합법 체류 기간 만료로 인해 미등록 신분으로 전락한 19세 미만의 아동 수가 6,000여명에 이르며, 통계로 잡히지 않는 경우를 포함하면 현재 우리나라의 미등록 이주아동은 2만 명이 넘는 것으로 추산됩니다.

공감을 비롯해 민호의 상황을 전해 들은 인권단체들이 '추방 몽골인 학생 복교와 재발방지대책마련촉구 인권연대'를 결성하고 활동을 시작했습니다. 먼저 국가인권위원회에 진정서를 제출해 이번 강제퇴거 조치에 어떤 문제점이 있는지 하나하나 따졌습니다. 유엔아동권리협약과 아동복지법, 우리 대법원 판례에 따르면 미성년 아동과 관련한 모든 활동을 결정할 때 아동의 권리 보호와 복지 증진을 최우선으로 고려해야 합니다. 이를 '아동 최선의 이익'이라고 하지요. 그러나 민호의 퇴거 과정에서 경찰과 출입국관리사무소 공무원은 이를 위한 노력을 전혀 기울이지 않았습니다. 도리어 경찰은 어떠한 법적 근거나 적법 절차 없이 직권을 남용하여 민호를 불법체포·감금했고 민호에게 다툼 당사자들의 신병 확보와 통역 업무를 강요했으며, 보호자에게 이를 통지하지 않음으로써 미성년 아동이 보호자로부터 보호받을 수 있는 권리마저 박탈했습니다. 마찬가지로 보호자에게 알리지 않은 채 출입국 당국으로 민호의 신병을 인계하여 구금 상태가 지속되도록 한 것 역시 위법하고 부당한 행위였습니다.

출입국 당국의 조치에도 위법요소는 한두가지가 아니었습니다. 출입국 공무원들은 민호와 보호자에게 그릇된 정보를 제공하여 회유·종용의 방법으로 민호의 법적 권리인 이의 신청권과 보호일시해제 신청권을 사실상 박탈했습니다. 강제퇴거 집행 과정에서도 미성년 아동인 민호를 보호하기 위한 조치는 하나도 취해지지 않았고, 오히려 수갑 착용 등 불법적이고 과도한 공권력의 남용만이 이루어졌습니다.

우리는 진정서에서 이런 위법요소들을 짚어가며 민호에 대한 출입국 당국의 강제퇴거 명령 등 행정 처분은 취소되어야 하고, 사증 발급 등을 통해 민호의 입국이 허용되어 가족결합권과 교육권이 보장되어야 함을 강조했습니다. 또한 관련 경찰 및 출입국관리 공무원들에 대해서는 엄중한 책임을 물어야 하고, 본 사건과 같은 경우가 다시는 발생하지 않도록 관련 법제와 관행 개선, 관련 공무원들에 대한 철저한 교육이 이루어져야 한다고 강력히 주장했습니다.•

돌아가고 싶다, 공부할 수 있게 해주면 좋겠다

민호가 다시 한국으로 돌아올 수 있도록 우리는 인권단체들과 함께 기자회견, 성명서 발표, 유엔인권이사회 진정, 언론 인터뷰 및 칼럼 게재, 국회 및 정부 관계자 면담, 국회 토론회 개최 등을 1년 넘게 실행했습니다. 여야 국회의원들은 물론 한국교원단체총연합회, 전국교직원노동조합 등 교육단체들도 뜻을 모아줬습니다.

2014년 봄, 한 이주인권단체 활동가가 몽골에서 적응하느라 고생하고 있는 민호와 통화할 수 있었습니다. 수도 울란바토르의 현지 학

• 외국인이주노동운동협의회·외국인이주노동자인권을위한모임, 국가인권위원회 제출 진정서, 2012. 11. 9.

교에 들어갔지만 '한국에서 온 애'라며 다들 이상한 눈으로 바라봤고, 결국 적응하지 못해 이틀 만에 학교를 그만뒀다고 합니다. 수도에서 1,500킬로미터 떨어진 친척 집에 머물며 다시 학교를 다니면서 적응해왔는데, 처음에는 선생님 말씀의 반도 못 알아듣고 칠판에 쓰인 내용도 읽을 수 없어 아침부터 밤까지 공부만 했다고 합니다. 이제 매일 새벽 3시까지 대학 입시를 준비하고 있다고도 했습니다. 그리고 다음과 같은 소박한 소망을 이야기했습니다.

> 보호소에서 있었던 일이나 추방당했던 과정이 많이 기억나기는 했죠. 두 달간은 거의 안 잊혀졌어요. 한국에서 친구들이랑 있었던 기억도 꿈에 많이 나타나고, 추방당하는 꿈을 꾸다 깨어보니 몽골이고….
> 한국에 다시 돌아가고 싶어요. 제 인생의 반 이상을 살던 곳이니까. 미워하는 감정보다는 '다시 돌아가고 싶다. 그립다.' 이런 감정들을 많이 느껴요. 저 같은 일이 다시 생기지 않게, 미성년 학생들이 적어도 고등학교 졸업할 때까진 공부할 수 있게 해주시면 좋겠어요.

민호는 어릴 적 오게 된 한국에서 초등학교 때부터 열심히 공부했을 뿐입니다. 일곱 살 되던 2002년 부모를 따라 한국에 왔고, 부모의 비자 체류 기간이 만료되어 미등록인 채로 한국 아이들과 초등학교와 중학교를 함께 다녔습니다. 한 기업으로부터 3년 동안 장학금을 약속받고 자립형 사립고에 입학하여 한국과 몽골을 잇는 무역업의 꿈을 키우며 열심히 공부에 매진하던 학생이었습니다.

민호에게 대체 어떤 잘못이 있는 걸까요? 민호는 한국 학생들의 인

모범 학생 민호는 왜 추방될 수밖에 없었나

종차별적 언행이 발단이 된 싸움을 말렸을 뿐입니다. 한국 경찰을 도와 밤새 한숨도 자지 않고 통역을 했을 뿐입니다. 한국에서 학업을 계속할 수 없다는 출입국관리 공무원의 말을 어찌할 도리 없이 믿었을 뿐입니다. 민호는 낯선 땅 몽골에서 다시 한국으로 돌아와 공부를 계속하고 싶어 했습니다. 경찰과 출입국 그리고 교육 당국이 모두 외면한 아동으로서의 최소한의 권리를 우리는 민호에게 되찾아주고 싶었습니다.

존재를 증명할 수 없는 존재

1990년대 초반부터 노동자로, 국제결혼 가족으로 한국에 들어오는 이주민이 점점 늘어남에 따라 한국에서 태어나고 자라는 미등록 이주아동들도 그 수가 꾸준히 늘어왔습니다. 법과 제도를 들여다봤습니다. 정부가 5년마다 수립하는 종합 인권 정책인 국가인권정책기본계획에 미등록 이주아동을 위한 계획은 없었습니다. 국내에 체류하는 모든 이주민의 기본권을 다루는 재한외국인처우기본법은 체류 자격이 있는 외국인을 전제로 하기에 미등록 이주아동은 배제되었습니다. 국제결혼 가족을 지원하기 위한 다문화가족지원법도 마찬가지였습니다. 결국 미등록 이주아동은 분명 한국에 살고 있음에도 그 어떤 법으로도 존재를 증명할 수 없는, 존재하지 않는 존재였습니다.

2013년 6월, 민호의 강제퇴거에 대해 국가인권위원회는 피해자 출국 결정에 이르기까지의 과정이 유엔아동권리협약 제3조 제1항 아동 최선의 이익 고려 의무, 제9조 제1항 아동의 의사에 반하는 부모와의 분리 금지 보장 의무에 배치되고, 헌법 제10조에서 보장하고 있는 인간의 존엄성에 반한다고 판단했습니다.

> 법무부장관에게, 「아동의 권리에 관한 협약」 제3조 제1항에 따라 피해자의 최선의 이익이 최우선적으로 고려될 수 있도록 적절한 구제 조치를 취할 것과, 미등록 이주아동의 경우 부모와 분리되어 단독으로 퇴거되는 사례가 발생하지 않도록 출입국관리 법령에 근거 규정을 마련하고 재발 방지 대책을 수립할 것을 권고한다.
>
> ──국가인권위원회 12진정0835300 결정

언론의 보도가 이어졌고 국회 국정감사에서 민호의 사건이 다뤄졌습니다. 정부는 중학생까지만 적용되던 '불법체류 학생의 학습권 지원' 지침을 고등학교 재학생까지 확대했고, 지침 대상 학생의 학부모는 출국 조치를 원칙으로 하되 부득이한 경우 보호일시해제 등을 통한 한시적 체류를 허용하는 방침을 발표했습니다.

그리고 마침내 강제퇴거 이후 거의 2년이 지난 2014년 9월, 민호는 한국 유수의 대학에 입학하여 유학생 비자로 재입국할 수 있었습니다. 인권단체들의 지속적인 관심과 출입국 당국 및 외교부의 뒤늦은 협조에 힘입은 점도 있지만, 무엇보다 민호에 대한 사랑으로 끝까지 포기하지 않은 담임 선생님의 용기가 없었다면 이 모든 일들은 시작조차 하기 어려웠을 것입니다.

민호가 한국에서의 대학 생활을 시작하고 며칠 뒤, 담임 선생님 그리고 함께했던 단체들이 민호의 환영회를 열어 다 함께 만났습니다. 담임 선생님의 애정 어린 헌신에 감사하고, 주도적인 역할을 한 이주 인권단체 활동가의 추진력에 감사하고, 포기하지 않고 열심히 공부하며 간절히 기다렸던 민호의 끈기에 감사한다는 이야기들이 오고 갔습니다. 민호는 희망 가득한 눈으로 한국과 몽골을 오가며 무역 분야에서 제대로 활약해보겠다는 다양한 아이디어와 함께 멋진 구상을 품고 있었습니다. 벌써 많은 시간이 흘렀습니다. 민호가 어디선가 본인의 꿈을 가꾸고 이루며, 때로는 어려움에 처한 이들을 도우며 아름다운 삶을 살고 있으리라 믿어 의심치 않습니다.

평범한 나이지리아 가족의 평범하지 않은 사연

"여기 이태원인데요, 제 친구네 가족이….."

2013년 1월, 어느 아주머니의 전화를 받으면서 또 하나의 오랜 인연이 시작되었습니다. 한 나이지리아 가족의 이야기입니다. 부모는 나이지리아 국민으로, 당시 아빠는 나이지리아에 거주하며 연락이 끊긴 상황이었고 한국에 있는 엄마는 미등록 상태였습니다. 1997년 부부는 투자 비자를 통해 입국해 그 후 다섯 명의 자녀를 출산했는데, 2007년 아빠가 나이지리아로 강제퇴거 당하고 나서 엄마와 자녀들 모두 미등록 상태가 되었다고 했습니다. 연락받은 당시에는 엄마 혼자 오남매를 키우고 있었고, 이태원에서 살다가 형편이 어려워져 지방으로 이사를 갔다고 했습니다.

엄마의 친구였던 아주머니의 전화는 중학교 3학년인 첫째 딸아이 사랑이(가명)의 고등학교 입학에 관한 문의였습니다. 사랑이의 중학교 담임 선생님이 신분증이 없으면 원서를 쓸 방도가 없어 고등학교 진학이 불가능하다고 했답니다. 관할 교육청에도 문의했는데 도움을 줄 수 없으니 출입국사무소에 가보라 했고, 출입국사무소에서도 불법체류이기 때문에 진학이 불가능하다고 안내했습니다.

그러나 학교와 교육청, 출입국 당국 모두 잘못된 정보를 제공한 것이 명백했습니다. 당시 초·중등교육법 시행령은 임대차 계약서, 거주 사실에 대한 인우보증서 등 거주 사실을 확인할 수 있는 서류로 외국인등록에 관한 사실 증명을 갈음할 수 있도록 하여 미등록 이주아동이라고 하더라도 초등학교와 중학교에 입학할 수 있게 했습니다. 또한 같은 초·중등교육법 시행령에 의하면 고등학교의 경우 외국 국적 아동이라도 학칙이 정하는 바에 따라 전·입학 또는 편입이 가능하도록 규정하고 있었고, 특별한 사정이 없는 한 미등록 이주아동의 입학도 가능했습니다. 관할 교육청에 여러차례 연락해 관련 의견서와 근거 자료를 전달하고 설명했습니다. 당시 교육과학기술부가 마련한 지침에는 다음의 내용이 명시되어 있었습니다.

우리나라가 1991년에 가입한 유엔아동권리협약은 만 18세 미만의 모든 아동의 교육권을 보장하고 있으며, 본 협약은 국내법적인 효력을 가지고 있습니다. 또한 초·중등교육법 시행령도 제19조, 제75조, 제89조의2에서 다문화학생(외국인)의 편입학을 허용하고 있습니다.

──「다문화학생 학적관리 매뉴얼」(2013년 2월)

모범 학생 민호는 왜 추방될 수밖에 없었나

이러한 노력의 결과로 사랑이는 고등학교에 입학할 수 있었습니다. 학생의 교육권을 보장해야 할 교육기관과 출입국 당국의 불성실한 대응이 한 학생의 인생에 얼마나 큰 악영향을 미칠 수 있는지 절감하기 시작한 순간이었지요.

사랑이가 고등학교 3학년이 되었을 때 다시 연락이 왔습니다. 실업계 고등학교를 다니고 있던 사랑이가 모두들 참여하는 실습에 나가려고 하자, 학교에서 실습은 취업을 전제로 하는 것인데 사랑이에게는 체류 자격과 취업 자격이 없으니 향후 문제가 될 수 있고 학교 측에 불이익으로 돌아올 수 있다며 실습을 불허했습니다. 직업교육훈련촉진법과 그 시행령, 현장실습표준협약서 등을 검토한 뒤 학교 측에 연락해 실습은 법이 보장하는 교육의 일환으로서 근로와 조화를 이룰 수 있게 실시되는 것에 불과하고 취업을 전제로 하는 것이 아니기 때문에 학생에게나 학교에나 아무런 문제의 소지가 없다는 점을 의견서와 구두로 재차 설명했습니다.

그럼에도 끝까지 불안의 끈을 놓지 못한 학교는 '체험학습'이라는 편법의 형태로 실습을 진행했습니다. 둘째 아이 준범이(가명)가 고등학교 3학년일 때도 동일한 문제로 연락이 와서 학교와 실습 진행 업체에 설명했고, 다행히 이번에는 정규 실습을 진행할 수 있었습니다. 그러나 안타깝게도 대학 진학이나 정식 취업의 길은 이 아이들에게 존재하지 않았습니다.

아이를 강제로 보내는 것은 죽으라는 말이나 다름없어요

첫 연락 이후 4년이 지난 2017년 4월, 아이들의 엄마가 울먹이며 전화를 걸어왔습니다. 장남이었던 둘째 준범이는 동생들의 학업을 뒷바라지하기 위해 고등학교를 졸업한 후 일을 해야겠다고 결심했고, 고등학교를 다니며 특수용접기능사 등 3개의 국가기술자격증을 취득했습니다. 체류 자격이 없으니 취업할 자격도 갖고 있지 않았지만 준범이는 특유의 성실함으로 공장에 취업해 두루 인정받으며 가족의 생계를 책임지겠다는 생각으로 누구보다 열심히 일하고 있었습니다.

그러던 어느 날 공장으로 단속을 나온 출입국관리 공무원에 의해 발각되었고 이후 강제퇴거와 보호 명령을 받고 청주외국인보호소에 구금되어 있다고 했습니다. 이주인권단체 활동가들 및 다른 변호사들과 함께 엄마를 만났습니다. 엄마는 절규하듯 다음과 같이 이야기했습니다.

> 나이지리아에서 태어나고 산 저조차 나이지리아에 다시 가서 살기 어려울 것 같은데, 한국에서 태어나고 자란 제 아이에게 나이지리아는 언어·생활·문화 모두 너무 낯선 곳이에요. 그런 곳으로 제 아이를 강제로 보내는 것은 죽으라는 말이나 다름없어요.

엄마의 눈물 어린 호소를 마주한 여러 변호사들은 사소한 사실관계 하나 놓치지 않고 국내외 문헌을 이 잡듯이 뒤지며 소송에 임했고, 공감은 자문 역할을 수행했습니다.

모범 학생 민호는 왜 추방될 수밖에 없었나

준범이가 나이지리아를 한번도 방문해본 적이 없으며 나이지리아 언어를 하지 못하고 나이지리아 문화와 환경에 생소한 사실상 '한국 사람'이라는 점, 준범이네 가족은 형제자매가 고등학교를 졸업할 때마다 한명씩 연고도 없는 타국으로 떠나거나 그동안의 삶을 전부 포기한 채 가족 모두 한국을 떠나야만 하는 가혹한 상황에 몰려 있다는 점, 다수의 국가들이 의무교육 이수, 장기간의 체류 사실, 교육 수준 등을 고려하여 특별 체류 허가를 하고 있다는 점 등을 이야기했습니다. 준범이가 살던 지역에서 2,000명에 가까운 교사·교인·기업인이 힘을 모아 탄원서를 제출했고, 언론에서도 준범이가 처한 기구한 상황에 대해 보도했습니다.

마침내 2018년 법원은 강제퇴거 명령의 취소를 구하는 준범이의 청구를 인용했습니다. 준범이가 비록 법률상 우리나라 국적을 취득할 수는 없지만 대한민국의 언어·풍습·문화·생활환경 등에서 정체성을 형성하여 왔고 그의 경제적·사회적·문화적 기반은 오로지 대한민국에만 형성되어 있는 점, 국적국인 나이지리아의 고유 언어조차 사용하지 못하는 점, 원고의 체류 자격이 없는 상태는 그의 귀책 사유에 의한 것이 아니라는 점 등을 종합적으로 고려한 판결이었지요. 또한 법원은 원고와 같은 미등록 이주아동·청소년에 대한 '인권적·인도적·경제적 관점에서의 전향적 접근이 필요하다'고 판시했습니다.

정부의 항소 포기로 위 판결은 확정되었습니다. 준범이는 퇴거당하지 않고 유학 비자를 받아 대학에 입학했지요. 당시 법원의 판결문이 여전히 생생합니다.

먼저 원고와 같이 대한민국에서 출생하여 현재까지 사실상 오직 대한민국만을 그 지역적·사회적 터전으로 삼아 살아온 사람을 무작정 다른 나라로 나가라고 내쫓는 것은, 인간의 존엄성을 수호하고 생존권을 보장하여야 할 문명국가의 헌법정신에 어긋난다.

외국인이라고 하더라도 대한민국 사회 내에서 보편적 인권의 주체이자 경제적·사회적·문화적 생활의 주체로서의 인격을 보장함으로써 궁극적인 사회통합을 도모할 필요성이 있고, 출입국관리 행정에서 고려하여야 할 공익적 가치에 국가의 안전보장뿐만 아니라 외국인의 인권과 사회통합이라는 가치도 중요하게 다루어져야 할 필요성이 있다고 보아야 한다. 즉 대한민국은 국내에 사회적 기반을 형성한 원고로 하여금 인간다운 삶을 누리며 국내에 체류할 수 있도록 그의 기본적 인권을 보장할 의무가 있다고 보아야 한다.

나아가 대한민국에서 초·중·고 정규교과 과정을 모두 이수한 원고를 강제로 내쫓는 것은 우리나라 입장에서도 경제적·인적 피해를 입는 것과 다를 바 없다. 앞으로 우리 정부가 원고와 같은 사안에서 국적까지는 아니라 할지라도 체류 자격을 부여할 수 있도록 법을 만들 필요성이 크다는 생각이 드는 것은 이 때문이다.[*]

국내출생 불법체류 아동 조건부 구제대책

이 판결은 준범이 한 사람의 인생을 바꿔놓기도 했지만, 한국에 체

---

[*] 청주지방법원 2018. 5. 17. 선고 2017구합2276 판결.

모범 학생 민호는 왜 추방될 수밖에 없었나

류하는 미등록 이주아동들을 존재하지 않는 유령으로 취급하면서 모든 취약성에 노출시키는 것이 더이상 용납될 수 없음을 확인해주었습니다. 몽골학생 민호 사건을 계기로 구성되었던 인권단체 네트워크는 이번 준범이 사건을 맞아 '이주배경 아동·청소년 기본권 향상을 위한 네트워크'로 재결합하여 여러 법제 개선과 사례 대응 활동을 펼쳤고, 2019년에는 '미등록 이주아동의 체류권 실태조사'를 진행했습니다.

이 실태조사의 일환으로 나이지리아 가족 모두를 만나고 이야기 나누는 시간을 가졌습니다. 정말 반가운 만남이었지요. 계속 연락을 주고받으며 마치 친척처럼 지내왔는데 실제로 만나니 미뤄둔 숙제를 한 기분도 들었습니다. 다섯 형제자매들은 모두 용돈 한푼 없이 학교를 다녔거나 다니고 있었지만, 그럼에도 밝게 커온 아이들 덕에 집안 가득 긍정적인 에너지가 넘쳤습니다. 만난 기념으로 아이들에게 문화상품권을 선물로 건네자 준범이가 엄마에게 속삭였습니다. "이걸로 영화 볼 수 있겠어요!"

위 판결 이후 공감을 포함한 인권단체들의 집요한 노력으로, 장기 체류 미등록 이주아동에게 적정한 체류 자격을 부여할 수 있는 제도를 마련할 것을 법무부 장관에게 권고하는 국가인권위원회의 결정이 있었습니다. 그리고 마침내 법무부는 2021년 4월 '국내출생 불법체류 아동 조건부 구제대책'을 발표했습니다. 이 대책은 국내 출생 또는 영유아기 입국의 경우 6년 이상, 영유아기 이후 입국의 경우 7년 이상 국내 계속 체류, 국내 중·고교 재학 중 또는 고교 졸업이라는 요건을 만족시키는 미등록 이주아동에게 체류 자격을 부여했습니다. 대상 아동의 부모에게는 범칙금 납부를 조건으로 하되 납부 능력이 부족하거나

머무를 권리, 미래를 꿈꿀 권리 한시적 조치였던 국내출생 불법체류 아동 조건부 구제대책의 종료를 100여일 앞둔 2024년 12월 16일, 이주아동인권을 위해 활동하는 단체들이 모여 구제대책의 연장과 상시 제도화를 위한 'LET US DREAM(렛 어스 드림)' 캠페인을 시작했습니다. 약 세달 동안 1만 3,000여명의 시민이 서명으로 캠페인에 동참했습니다.

없는 부모는 범칙금 감면이 가능하도록 하여 아동이 성년이 될 때까지 임시 체류 자격을 부여했습니다. 단, 2025년 3월 31일까지 시행되는 한시적인 조치였습니다.

얼마 후 이태원의 친구분에게서 연락이 왔습니다. 나이지리아 가족 모두 체류 자격을 가지게 되었다며, 기쁘고 고마워 전화했다고 했습니다. 저야말로 정말 감사드린다고 말씀드렸습니다. 한 친구의 관심과 애정이 얼마나 많은 사람에게 힘이 될 수 있었는지, 그리고 얼마나 큰 변화를 만들었는지 마음 가득 느끼면서요.

2013년 처음 인연이 닿았을 때 유치원생이었던 막내는 이제 고등학교 3학년이 되었습니다. 첫째 사랑이는 늦게나마 대학에 들어가 넷째와 함께 대학 생활을 하고 있고, 둘째 준범이와 셋째는 어엿한 직장인으로 생활하고 있습니다. 얼마 전에는 이태원 친구분으로부터 셋째가 텔레비전 예능프로그램에 초보 직장인으로 출연했다는 문자를 받았습니다. 화면 속 마주한 활짝 웃는 얼굴에 가슴이 뭉클했습니다.

미등록 이주아동을 철저히 외면하는 법 현실

민호와 준범이의 사례는 미등록 이주아동들이 겪는 거대한 고통과 어려움 중 빙산의 일각에 불과합니다. 정식 법제가 아닌 정부의 재량에 따라 한시적으로 운영되는 구제대책은 안정적인 장기 체류나 취업, 가족 통합 등을 충분히 고려하지 않고 있기에 미등록 이주아동들은 여전히 미래의 불확실성 앞에 내던져져 있습니다. 법제의 전반적인 개선이 반드시 필요한 이유입니다.

출생 신고 및 등록은 아동의 존재를 증명하는 공적 제도이자 거의 모든 권리 향유의 전제가 되지만, 그렇기에 출생 신고와 등록을 하지 못한 미등록 이주아동들은 대부분의 법 제도 울타리 바깥에 놓여 있습니다. 아동 권리의 가장 기초가 되는 법인 아동복지법은 유엔아동권리협약에 따른 시책의 수립과 시행, 아동 이익의 최우선적 고려를 규정하고 있지만 한국 국적의 아동만을 적용 대상으로 삼고 있습니다. 영유아보육법은 영유아에 대한 무상 보육 제공, 양육수당 지급을 규정하고 있지만 관련 지침에서 그 대상의 '국적'이나 '주민등록'을 전제로 하고 있어 미등록 아동은 원천적으로 대상에서 제외됩니다. '자신이나 보호자의 성, 연령, 종교, 사회적 신분, 재산, 장애, 인종 및 출생 지역 등에 따른 어떠한 종류의 차별도 받지 아니하고 보육되어야 한다.'는 영유아보육법의 이념에 결코 부합되지 않는 것이지요.

특히 미등록 이주아동에게는 취학통지서가 발급되지 않아 직접 알아서 교육청이나 학교를 찾아가야 하므로 이들의 교육 접근성은 현저히 낮습니다. 초등학교에서 고등학교까지 입학이 가능하기는 하지만 이는 법률상의 권리가 아닌 초·중등교육법 시행령상의 절차적 특례에 의한 것일 뿐, 의무교육을 받을 권리의 보장은 미등록 이주아동들에게 마치 다른 나라 이야기나 다름없습니다. 실제로 일반 학교 입학에 어려움을 겪는 경우가 많고, 정규 학업 과정을 이수하였음에도 졸업장이 아닌 수료증만을 받는 경우도 허다합니다.

의료 제도의 경우에도 미등록 이주아동은 건강보험의 대상에서 제외됩니다. 법령에 근거하지 않은 최소한의 시혜적 조치만 받을 수 있기에 생명과 건강에 대한 근본적인 불안을 안고 살 수밖에 없습니다.

'우리'의 범주, '사람'의 권리

공감이 미등록 이주아동을 위한 전반적인 법제 개선을 고민하기 시작한 것은 2009년입니다. 시민단체들과 '이주아동청소년 권리보장을 위한 시민행동' '이주아동권리보장법제정연대' 등을 구성하고 출생등록, 특별 체류 자격 부여, 강제퇴거로부터 보호, 교육권, 건강권 등 포괄적인 내용을 담은 법안을 마련했습니다. 국회를 설득해 여러차례 법안 발의까지 끌어갔지만, 18대와 19대 국회에서 모두 폐기되고 말았습니다. '이주배경 아동·청소년 기본권 향상을 위한 네트워크'도 결성해 출생등록, 체류권 등 개별 주제와 관련된 법제 개선과 실태조사, 개별 사례에 대한 대응에 집중하는 활동도 동시에 펼치고 있습니다.

지금까지의 성과는 앞서 언급한 국내출생 불법체류 아동 조건부 구제대책을 통해 약 1,000여명의 미등록 이주아동과 그 부모에게 체류 자격을 부여한 것이라고 할 수 있습니다. 2025년 3월 20일에는 구제대책의 3년 연장 조치와 부분적 취업·정주 방안이 발표되기도 했습니다. 정부는 기존 구제대책을 2028년 3월 31일까지 연장하면서 대상자의 미성년 형제자매에게 체류 자격을 동시에 부여하여 안정적 가족생활을 보장하도록 했고, '신청일 기준 18세 이상 24세 이하, 18세가 되기 전 7년 이상 국내 체류, 국내에서 초·중·고교 졸업' 조건을 충족하면 대학에 가지 않고도 취업비자 취득 등을 통해 국내에 계속 체류할 수 있는 길을 열었습니다. 하지만 여전히 법률에 근거하지 않은 한시적 조치이고 사실상 체류 자격 부여에 국한된, 미등록 이주아동의 삶 일부만을 다루고 있을 뿐입니다.

혈통주의를 채택하고 있는 현행법에 따라 이주아동은 대한민국에서 태어났다 하더라도 한국 국적을 취득하는 것이 불가능하며, 출생등록조차 되지 않아 부득이하게 합법적인 체류 자격을 취득하지 못하거나 상실한 경우에는 소위 불법체류 상태로 전락하게 되지요. 그로 인해 보육서비스, 학생으로서의 권리, 건강보험 혜택 등 삶을 영위하는 데 필요한 기본적인 권리조차도 전혀 보장받지 못하는 인권의 사각지대에 방치되고 있습니다.

어린이는 우리 사회의 미래라고 불리지만, 체류 자격 없는 미등록 이주아동들은 부당한 제도와 관행에 떠밀려 끊임없이 고립되고 소외되며 무력감과 우울감, 두려움 등에 시달리는 것이 오늘의 현실입니다. 미등록 이주아동을 위한 법제 마련과 제도 개선은 이주아동에게 더도 덜도 말고 '평균 수준'의 생활을 누릴 수 있는 기본적 권리인 교육권, 건강권, 보육권을 보장하고자 함입니다.*

이주아동을 대하는 의식의 변화가 절실한 때입니다. 지금 한국사회는 기로에 서 있습니다. '우리'의 범주를 넓혀가며 인권, 즉 '사람'의 권리를 제대로 바라보면서 진정한 포용 국가로 나아갈 것인가, 아니면 혐오와 증오, 차별과 침해가 만연한 혐오 국가로 나아갈 것인가. 그 중심에 미등록 이주아동이 있습니다.

● 　이자스민 의원이 밝힌 법안 발의 이유, 「이주아동권리보장기본법안」, 국회방송 「국회입법데이트」 2014. 12. 18.

무지개는 국경을 넘는다

성소수자난민

인정 소송

김지림   2017년 공감에 입사한 직후 성소수자난민인 '레나'를 만나며 소수자난
민 지원에 뛰어들었습니다. 어디서 태어났고 누구를 사랑하는지가 혐오
와 폭력의 이유일 수 없음을 증명하기 위해 변론에 나섭니다.

지금 이 글을 읽고 계신 독자분의 성적 지향이 만약 이성애라면 한 번 상상해보시기를 바랍니다.

내가 이성애자라는 것이 발각되면 가족과 주변 사람들로부터 철저히 부정당하고 온갖 차별과 폭력 피해를 입는 것은 물론, 최대 사형에 이르는 형사처벌을 받을 수 있는 상황 말입니다. 이성애자라는 것을 들키지 않기 위해 좋아하지도 않는 동성과 억지로 연애하고 결혼하고 육체적 관계를 가져야 하는 상황. 과연 이런 삶을 존엄한 삶이라고 할 수 있을지 의문이 듭니다.

현재 많은 국가의 동성애자들이 이런 끔찍한 상상이 곧 현실인 사회에서 살아가고 있습니다. 2023년 3월을 기준으로 유엔 가입국 중

---

* '무지개는 국경을 넘는다'는 소수자난민인권네트워크가 발간한 첫 안내서의 제목이자, 성소수자를 의미하는 '무지개'와 '국경을 넘는' 난민을 상징적으로 표현함으로써 소수자난민 관련 행사에서 자주 사용되는 구호입니다.

60개 국가에서는 동성애를 공식적으로 범죄화하고 있고, 이 중 7개 나라에서는 동성애자라는 이유로 무려 사형에 처할 수도 있습니다.[*] 이런 나라에서 태어나 평생 자기 자신을 숨기며 살아야만 한다면, 누구든 '이성애자, 동성애자 관계없이 모두가 평등한 존재로 대우받는다는 나라'로 떠날 꿈을 꾸지 않을까요?

지금부터는 동성을 사랑한다는 사실이 발각되면 죽음까지 불사해야 하는 가혹한 현실을 피해 오롯이 나로서 살고자 한국을 찾아온 '성소수자난민'들의 이야기를 해볼까 합니다.

브라질 출신의 트랜스젠더 여성, 레나

2017년 공감에 입사한 첫해, 브라질 출신의 트랜스젠더 여성 난민 신청자 레나(가명)를 외국인보호소에서 만났습니다. 대학생 시절 프랑스어 통번역 봉사를 하며 만났던 난민들, 공감에 입사한 뒤 변호사로 만났던 난민들 모두 아프리카 출신으로 정치 활동을 활발히 했던 남성들이었던 탓에 '보호외국인' 다섯 글자가 선명히 적힌 초록색 운동복을 입고서도 아름다운 용모를 뽐내던 그와의 만남은 제 머릿속 정형화된 난민의 이미지를 한 방에 부수어주었습니다.

레나는 브라질에서 트랜스젠더로 산다는 것은 목숨을 걸어야 하는 일이라며, 살기 위해 한국을 찾아왔다고 말했습니다. 강제 추방될 위

● 　나이지리아·모리타니·브루나이·사우디아라비아·우간다·예멘·이란 7개국에서는 동성애 행위에 사형이 선고될 수 있습니다.

험 속에서 난민 신청을 고려하던 그의 말을 듣고 찾아보니, 2017년 한 해에만 387명의 성소수자가 살해당하고 58명의 성소수자는 혐오범죄에 노출된 뒤 자살하였을 정도로 브라질 사회에 성소수자에 대한 폭력이 만연하였음에도 브라질 정부는 적절한 보호를 제공하지 못하는 상황이었습니다.[*] 부랴부랴 난민 신청서를 준비하던 중 그가 인천공항에서 전화를 걸어왔습니다. 여성으로서 지내기 어려운 외국인보호소 생활을 더는 견디기 힘들어 결국 브라질이 아닌 다른 나라로 가기로 결심했다는 것입니다.

속수무책으로 그를 떠나보낸 뒤, 성적 지향(동성을 사랑한다는 이유 등)이나 성별 정체성(남성으로 태어났지만 여성으로 스스로를 정체화한다는 이유 등) 때문에 태어난 나라에서 온갖 차별과 폭력, 심지어 형사처벌의 대상이 되는 이른바 '성소수자난민'에게 주목하게 되었습니다. 난민, 성소수자, 그리고 성소수자난민. 이 무겁고도 낯선 개념을 온몸으로 살아내고 있는 이들이 궁금하면서 동시에 걱정됐습니다. 난민에게도 성소수자에게도 결코 친절하지 않은 나라 한국에서 성소수자가 난민으로 인정받을 수 있는 걸까요?

성적 지향과 성별 정체성을 이유로 박해받는 사람들

우리나라가 1994년 가입한 유엔난민협약은 '난민'을 이렇게 정의하

● "Violent deaths of LGBT people in Brazil hit all-time high," *The Guardian*, January 22, 2018.

고 있습니다.

> 인종, 종교, 국적, 특정 사회집단의 구성원 신분 또는 정치적 의견을 이유
> 로 박해받을 것이라는 충분한 근거가 있는 두려움으로 인하여 자신의 국적
> 국 밖에 있는 사람으로서, 국적국의 보호를 받을 수 없거나 그러한 두려움
> 으로 인하여 국적국의 보호를 받기를 원하지 않는 사람

본국에서 박해받을 위험이 있는 동성애자나 트랜스젠더와 같은 성
소수자는 바로 이 '특정 사회집단의 구성원 신분'에 해당하는 사람들
입니다.* 유엔난민기구는 2002년에 발표한 지침에서 이렇게 명시하고
있습니다.

> 모든 사람은 성적 지향이나 성별 정체성과 관련된 박해를 포함하여, 어떤
> 박해를 피해 타국에서 비호를 구하고 향유할 권리가 있다.
>
> ──유엔난민기구, 「국제적 보호에 관한 지침 제9호」 중

누군가 어떤 나라에서 성별이 같은 사람을 사랑한다는 이유로, 혹
은 여성으로 태어났지만 스스로를 남성으로 정체화한다는 이유로 박
해받을 가능성이 있다면, 그 사람을 보호하지 않고 그 나라로 되돌려
보내서는 안 된다는 원칙입니다.

● '특정 사회집단의 구성원'에는 성소수자 외에도 여성, 아동, 특정 질환자 등 자신이 바꿀 수 없는 특성으로 인
해 본국에서 박해를 받을 위험이 있는 사람들이 포함됩니다. 지금도 특정 국가에서는 여성에 대해 성기 할례
나 조혼을 강제하는 경우가 있는데, 이 경우에 여성이 특정 사회집단 구성원으로서 난민 신청을 할 수 있습니다.

우리 대법원도 "동성애라는 성적 지향이 난민 신청자의 출신국 사회의 도덕규범이나 법규범에 어긋나 그것이 외부로 드러날 경우 그로 인해 박해에 노출되기 쉬우며, 이에 대해 출신국 정부에서 보호를 거부하거나 보호가 불가능한 경우에는 특정 사회집단에 해당한다고 볼 수 있다"고 보고 있습니다.* 쉽게 말해 '박해받을 위험에 처한 동성애자는 난민으로 인정받을 수 있다'는 뜻입니다.

성소수자난민에 대해 무지한 상태로 레나를 떠나보냈지만, 뒤늦게 각종 이론과 판례를 섭렵하며 이제 다른 성소수자난민 신청자가 조력을 요청한다면 정말 잘 대리할 수 있을 것만 같다는 자신감이 들었습니다. 그러던 중 공감에 입사한 이래 가장 열심히 대리했던 사람, 사건이 끝나고 7년이 지난 지금까지도 제 가슴 속 깊이 자리하고 있는 사람, 유세프와 만났습니다.

이집트 출신의 남성 동성애자, 유세프

이집트 국적의 유세프(가명)는 동성에게 성적 이끌림을 느끼는 남성 동성애자였습니다. 동성애자라는 이유로 구체적인 신변의 위협을 느껴 한국에 온 그는 이미 자신의 난민 신청 절차가 한참 진행되고 나서야 공감을 찾아왔습니다. 법무부도, 1심 법원도 그를 난민으로 인정할 수 없다고 판단한 뒤였습니다.**

● 대법원 2017. 7. 11. 선고 2016두56080 판결
●● 한국에 입국해 난민 인정 신청을 한 사람이 법무부 단계의 난민 심사를 거친 뒤에 난민으로 인정받지 못하면

유세프가 태어난 나라 이집트에 동성애자를 노골적으로 처벌하는 법이 존재하는 것은 아니었으나, 동성애를 '이슬람에 반하는 성행위, 이단적 행위'로 규정하고 '풍기문란죄'를 적용하여 최대 10년 이하의 징역에 처하는 방식으로 동성애자들을 사실상 형사처벌하고 있었습니다. 그가 한국에서 난민 신청을 하던 바로 그 시기에도 이집트에서는 동성 커플이 풍기문란죄로 체포되어 징역 3년을 선고받는 등 국가에 의한 직접적인 성소수자 박해 사례가 심심찮게 보도되었습니다. 유세프는 어린 나이에 자신이 동성에게 끌린다는 사실을 깨달아 동성과 교제를 시작했고, 몰래 교제를 이어 가다 가족 중 일부 구성원들에게 동성애자임을 들키기도 했습니다. 그러던 중 그가 동성애자라는 사실이 외부에 밝혀져 친형이 폭행 피해를 입는 사건이 발생했고, 목전에 닥쳐온 위험을 피해 그는 한국행 비행기에 몸을 실었습니다.

공감이 사건을 맡기로 결정했을 때는 이미 항소심 절차 단계였습니다. 1심 법원은 이집트에서의 동성 교제 시점이나 상대방에 대한 유세프의 진술이 일관되지 않아 그의 진술에 설득력이 없다고 보았습니다. 동성 교제 상대방들의 이름 철자, 구체적인 연월일이 딱 들어맞지 않는다는 것이었습니다.

그런데 진술에 대한 신빙성보다도 더 중요한 문제가 있었습니다. 법원이 성소수자난민 사건에 적용하는 까다로운 기준이 있다는 사실이었습니다. 이 기준에 따라 법원은 객관적으로 이집트에서 동성애자라는 것이 밝혀지면 처벌받을 가능성은 있지만 유세프가 과거 스스로

이후 행정법원에서 법무부의 결정에 대해 다투게 됩니다.

동성애자임을 숨겼기 때문에 앞으로도 그 사실이 발각되어 위험에 처할 일은 없을 것이라는 논리를 펼쳤습니다.

뭔가 이상했습니다. '동성애자로서 이집트에서 사는 것이 위험하기는 하지만, 성적 지향을 숨기고 살았으니까 문제없었고 앞으로도 숨길 거니까 괜찮을 것'이라는 법원의 기준을 도저히 이해할 수 없었습니다. 도대체 어떤 근거로 이런 결정을 한 것일까요? 그 질문의 끝에 성소수자난민에 대해 구체적인 기준을 제시한 첫 판례이자, 지금까지도 유세프를 포함해 모든 성소수자난민 사안에서 걸림돌로 작용하고 있는 대법원 판례, '2016두56080 판례'가 있습니다.

대법원의 2016두56080 판결

> 동성애자들이 난민으로 인정받기 위해서는, 출신국에서 이미 자신의 성적 지향이 공개되고 그로 인하여 출신국에서 구체적인 박해를 받아 대한민국에 입국한 사람으로서 출신국으로 돌아갈 경우 그 사회의 특정 세력이나 정부 등으로부터 박해를 받을 우려가 있다는 충분한 공포를 가진 사람에 해당하여야 하고, 박해를 받을 '충분한 근거 있는 공포'가 있음은 난민 인정 신청을 하는 외국인이 증명하여야 한다.
>
> ──대법원 2017. 7. 11. 선고 2016두56080 판결

대법원의 논리를 간단히 정리하면 성소수자로서 난민으로 인정받기 위해서는 ① 출신국에서 이미 성적 지향이 공개되고 ② 공개된 성

적 지향으로 인해 출신국에서 구체적인 박해를 받은 경험이 있어야 합니다. 얼핏 보면 그럴싸해 보이는 이 요건들이 높은 장벽이 되어 실제 법원뿐만 아니라 법무부 단계까지 포함한 난민 신청 전 과정에서 성소수자난민들을 좌절시키고 있었습니다.

유세프의 사건을 맡은 1심 법원 역시 이 삼엄한 기준에 따라 '과거에 성적 지향을 숨겨서 박해를 받지 않은 사람'은 미래에도 박해를 받을 가능성이 없다고 판결했습니다. 우리는 이를 항소심에서 뒤집기 위해 할 수 있는 모든 노력을 동원했습니다. 대법원이 제시한 가혹한 요건들을 하나하나 반박하기 위한 시도였습니다.

성적 지향은 숨길 수 있는 것일까?

우리 대법원은 난민 출신국의 객관적인 정황상 동성애자임이 밝혀질 경우 박해의 위험이 있다고 하더라도 당사자가 성적 지향을 숨겨서 박해를 피할 수 있다면 난민에 해당하지 않는다는 입장입니다. 하지만 자신의 성적 지향을 은폐하는 상황은 자발적으로 이루어지는 것이 아니며 전형적으로 박해에 상응하는 공포에 의해 강요된 것이기 때문에, 오히려 성적 지향을 은폐했다는 사실 그 자체로서 난민 신청자의 공포가 충분히 근거 있다고 보아야 합니다.[*]

또한 대법원은 '앞으로도 성적 지향을 은폐한 채 쭉 살아가면 위험

---

[*] 국제법률가위원회 『성적 지향 및 성정체성에 근거한 난민 신청: 실무자 가이드』 2016, 86면.

하지 않을 것이다'라는 것을 전제하고 있어 문제적이었습니다. 어느 시점까지 성적 지향을 어찌어찌 잘 숨겼다고 하더라도 언제까지나 이를 성공적으로 숨길 수 있을지 장담할 수 없다는 점을 간과하고 있는 것이지요. 유엔난민기구도 성소수자가 스스로는 성소수자임을 숨기려고 노력하더라도, 결혼이나 출산과 같이 그 사회의 이성애적 관념에 순응하지 않는다면 자연스럽게 눈에 띄어 박해받을 가능성이 있기 때문에 '어떠한 경우에도 완벽한 은폐는 거의 불가능하다'고 말하고 있습니다.˙

심지어 대법원은 성적 지향이 '개인의 정체성의 핵심을 구성하는 특성'으로서 포기하도록 요구되어서는 안 된다는 것은 인정하면서도 박해를 피하기 위해서는 그 특성을 은폐하거나 포기할 것을 종용하고 있다는 점에서 그 자체로도 너무나 모순적이었습니다.

박해를 받아본 사람만이 '진짜 난민'일까?

뿐만 아니라 대법원은 "동성애자들이 난민으로 인정받기 위해서는 출신국에서 이미 자신의 성적 지향이 공개되고 그로 인하여 출신국에서 구체적인 박해를 받아 대한민국에 입국한 사람"이어야 한다는 기준을 제시했습니다.

● 특정 사회집단의 특성을 이루는 성적 지향은 인간 존엄성의 본질적인 부분으로서 은폐하고 살아갈 것을 요구받아서는 안 되며, 더불어 그러한 은폐의 가부나 지속 여부는 개인의 의지에 의해 통제되는 것이 아니기에 과거 은폐 경험과 미래 은폐 가부를 기준으로 박해 가능성을 판단하는 것은 특정 사회집단에 대한 보호를 부정하는 것으로써 난민협약의 보호 목적에 부합하지 않는다는 것입니다.

꼭 과거에 박해를 받아본 사람만이 진정한 난민일까요? 그렇지 않습니다. 유엔난민기구는 '난민의 정의는 미래지향적'이라고 말합니다. 물론 과거에 박해를 받은 경험이 있다면 미래에 박해를 받을 가능성 역시 높다고 볼 수는 있습니다. 하지만 자신의 성적 지향을 철저히 숨긴 덕에 과거에 박해를 받은 경험이 없는 사람이라도 어떤 이유로든 미래에 성적 지향이 공개되어 박해를 받을 가능성이 있기 때문에, '과거 박해 경험'을 필수적인 난민 인정 요건으로 두어서는 안 된다는 것입니다.

> 모든 성소수자 신청인이 과거에 박해를 받은 경험이 있는 것이 아니라는 점은 주목할 필요가 있다. 신청인은 출신국을 떠나기 전에 당국이 자신의 성적 지향 또는 성정체성에 대해 알고 있었음을 입증할 필요가 없다. 그보다는 돌아갔을 때 보호를 받을 수 없거나 그러한 보호가 효과적이지 않음을, 혹은 그럴 가능성이 낮음을 증명해야 한다.
>
> ──유엔난민기구, 「국제적 보호에 관한 지침 제9호」 중

당신은 성소수자라고 보기 어렵습니다

우리는 항소심 절차 내내 대법원의 엄격한 기준 자체가 잘못되었다는 취지의 전문가 의견서와 해외 판례를 정리해 제출하며 열심히 다투었습니다. 그뿐 아니라 유세프의 성소수자성과 관련된 진술의 신빙성을 보강하기 위해 그의 법무부 단계 난민 면접 조서, 법원에서의 당

사자신문 파일 등 사건 기록을 꼼꼼히 살피고 직접 면담을 나누었습니다. 이를 통해 심사 과정에서 중요한 질문들이 모두 생략되고 발음이 부정확하게 전달되면서 유세프의 진술이 왜곡되었다는 정황을 쉽게 발견할 수 있었습니다.

사실 유세프는 사건 진행 당시를 기준으로 약 20년 전에 발생했던 사실에 대해 비교적 일관되게 진술해왔습니다. 유난히 불일치하게 진술한 것으로 보이는 경우도 재판 과정의 녹음 파일을 들어보면 '성정체성을 언제 깨달았는지'라는 질문이 '동성과의 첫 경험을 한 시기가 언제인지'라는 질문으로 통역되고, 구체적인 이름에 대한 진술도 알파벳이 아니라 한국어로 기재되는 과정에서 매번 다른 이름을 이야기하는 것처럼 보이게 된 것이었습니다. 그럼에도 항소심 법원은 유세프에게 기존의 엄격한 기준을 적용했고, 여전히 그의 진술은 믿을 수 없으므로 난민으로 인정할 수 없다고 판단했습니다.

법정 공방 과정에서 상대방인 법무부의 주장은 그의 가슴에 비수처럼 날아와 꽂혔습니다. 법무부는 유세프가 동성애자라고 보기에는 동성애 관련 지식(동성애자 관련 웹사이트, 동성애자들이 자주 모이는 장소, 동성애자 단체명 혹은 동성애자 인권단체명 등)이 부족하다거나, 동성애 관련 행적(!)에 대한 증거가 전무하다는 이유로 그가 사실 관계를 급조한 것 아니냐는 날 선 주장을 이어 갔습니다.

유세프가 자신의 성적 지향을 인지하고 동성 간의 관계를 처음으로 경험한 때는 약 20년 전 미성년자 시기로, 동성애자들이 모이는 장소에 출입하는 것은 상상하기 어려웠을 것입니다. 그리고 이성애자라고 해서 모두 적극적으로 이성과 연애를 하는 것이 아니듯, 개인의 성적 지향이 어떤 행위로 이어지는지는 개개인의 선택과 환경에 따라 다릅니다. 특히 이슬람 문화권에서는 동성애에 대한 사회적 인식이 매우 좋지 않으므로 발각의 우려가 있으니 관련 단체에서 활동하거나 관련된 장소를 방문하는 행위를 자제하였을 것이라는 맥락을 고려해야 한다고 주장했으나 법원은 받아들이지 않았습니다.

결국 법원은 현재 이집트의 객관적인 동성애 탄압 상황이 어떠한지, 유세프가 지금 당장 이집트로 돌아간다면 어떤 일이 벌어질지보다는 '그가 동성애자인지 아닌지'를 감별하는 데 전력을 쏟았습니다. 적어도 제가 보았을 때 동성애자임이 확실했던, 통역 과정에서의 오류 외에는 자신의 기억을 비교적 일관되게 진술해왔던 유세프는 그렇게 난민 신청에 실패했습니다.

한없이 가혹하고 비좁은 관문

2017년 외국인보호소에서 레나를 통해 성소수자난민의 존재를 알게 된 뒤, 지금까지 수많은 성소수자 난민을 만났습니다. 변호사나 활동가의 조력을 받지 않는 상태에서 난민 신청을 한참 진행한 뒤에 공감의 문을 두드린 이들이 대다수였고, 조력을 받았지만 인정받지 못한 분들도 많았습니다. 이런 고민을 함께하는 사람들이 있었습니다. 각기 성소수자, HIV 감염인, 난민 인권 활동을 하던 활동가들이 성소수자난민과 HIV 감염인난민을 만나고 돕는 과정에서 같은 고민을 나누며 '소수자난민인권네트워크'가 만들어졌습니다. 수차례에 걸친 집담회를 통해 각 영역 활동가들이 만난 소수자난민의 사례를 교차적으로 살펴보면서, 한국사회가 지닌 성소수자나 감염인에 대한 몰이해가 고스란히 법무부와 법원의 난민 심사 과정에서 드러난다는 사실을 알게 되었습니다.

성소수자난민 심사 과정에서 행해지는 인권침해적인 질문들은 심각한 수준이었습니다. 성소수자라는 존재조차 잘 알지 못하던 난민 심사관은 성소수자에 대한 편견과 고정관념에 기반한 질문, 성행위 방식이나 횟수 등 동성 간의 성관계에 대한 노골적인 질문을 일삼았습니다. 본국에서 박해의 위험으로 자신이 성소수자라는 사실을 철저히 숨겨왔던 이들이, 안전을 위해 찾아온 한국이라는 나라에서 갑자기 처음 보는 공무원 앞에 선 채 자신의 성소수자성을 낱낱이 드러내며 입증해야 하는 상황에 맞닥뜨리게 된 것입니다.

지금까지 성소수자난민 심사 과정에서 법원과 법무부에서 나온 질문을 종합해보면 아래와 같은 기준을 모두 갖춘 사람만이 난민으로 인정될 수 있을 것입니다.

성소수자를 명시적으로 처벌하는 법령이 존재할 뿐만 아니라 성소수자에 대한 국가적 박해가 활발하게 일어나는 나라에서, 자신이 동성애자라는 사실을 깨닫게 된 정확한 시기와 사건을 구체적으로 기억하고, 이성과의 교제는 단 한번도 하지 않고 적극적으로 다수의 동성 파트너들과 교제하고, 동성 파트너들과의 만남을 SNS 등에 사진과 함께 꼼꼼히 기록하며, 성관계가 있었던 경우에는 그 관계의 대상·횟수·날짜·장소까지 기록하고, 처벌을 감수한 채 가족·친구·동료들에게 자신이 성소수자라고 공개하고,

그로 인해 신체적 혹은 정신적 폭력이나 불이익을 받은 경험이 있고, 그 박해 경험 역시 꼼꼼하게 증거로 남겨두고, 본국의 동성애자들이 모이는 클럽이나 장소를 정확하게 알고 있으며, 스스로가 본국의 동성애자 인권을 위해 활동했거나 혹은 적어도 인권 활동가의 이름과 구체적인 활동 내용에 대해 잘 알고 있으면서, 앞의 모든 사항에 대해 정확한 일자와 장소를 단 한번도 철자 하나 틀리지 않고 일관되게 진술할 수 있는 사람

법무부의 난민 심사 인터뷰에서, 그리고 법원에서 융단폭격처럼 쏟아지는 질문들을 보며 이런 생각을 속으로 삼켰습니다. 혹시 심사관님은, 변호사님은, 판사님은 자신의 이성 혹은 동성 관계에 대해 이렇게 자세히 기억하고 기록하고 진술할 수 있습니까? 그것도 절대 들키지 않기 위해 평생 애써 조심해왔던 내밀한 관계에 대해 말입니다.

우리는 이런 질문들이 이미 국제 난민법 기준에 허용되지 않고 있음을 지적하며 성소수자난민의 존재를 알리고, 성소수자난민의 심사 과정에서 발생하는 인권침해를 짚어보고 개선점을 제시하는 자료집을 만들었습니다.* 이 내용을 교육하며 세상에 알려오던 어느 날, 소수자난민인권네트워크 활동가의 소개로 제냐를 만나게 되었습니다.

● 소수자난민인권네트워크 『무지개는 국경을 넘는다: 소수자난민 권리를 위한 첫걸음』, 2017. 『무지개는 국경을 넘는다 2: 성소수자난민 심사 과정에서의 인권 보장』, 2020.

러시아 출신의 동성애자 제냐, 드디어 받아든 난민 인정증명서

러시아 국적의 제냐(본명 예브게니 쉬테판)는 연구원으로 한국에서 일하던 중, 동성의 한국인 모어(본명 모지민)와 한눈에 사랑에 빠졌습니다. 모어와의 관계를 지속하기 위해 제냐는 연구원으로, 기자로, 또 러시아어 강사로 일하며 체류해왔습니다. 둘은 한강에서 아름다운 결혼식을 치르며 미래를 약속한 사이였습니다. 이성 커플이었다면 혼인신고를 하고 소위 국제결혼을 하면 단숨에 해결될 일이었으나, 동성커플의 결혼을 인정하지 않는 한국에서 국제 커플이 함께 지낼 수 있는 유일한 방법은 적법한 취업을 통해 체류를 연장하는 것뿐이었습니다.

그렇게 20여년의 시간이 흘러 제냐의 취업이 어려워지자 비자 만료가 임박해왔고, 결국 이들이 헤어져야만 하는 순간에 다다랐습니다. 두 사람이 헤어지지 않기 위해서는 둘이 함께 러시아로 가는 선택지만이 남았는데, 설상가상으로 러시아의 정세가 급격하게 악화하면서 동성애자이자 반-푸틴 활동가였던 제냐가 본국으로 돌아가는 것은 불가능한 상황이 되었습니다.[*]

이 소식을 들은 난민인권, 성소수자인권 활동가들이 모여 방안을 강구했습니다. 한국에 체류하며 본국 러시아에서 벌어지는 푸틴의 독재에 반대하는 목소리를 꾸준히 내온 제냐의 정치 활동과 러시아의 정국을 고려했을 때 난민 신청을 준비하는 것이 좋겠다는 결론으로

---

[*] 이 두 사람의 이야기는 다큐멘터리 영화 「모어」(감독 이일하, 2021)에서 자세히 볼 수 있습니다.

모어·제냐 부부 1999년 대천해수욕장에서 모어·제냐 부부가 함께 찍은 사진입니다. 이들은 1998년에 처음 만나 2017년에 결혼식을 올렸습니다. 부부의 청첩장에는 다음의 글귀가 적혔습니다. "당신과 함께한 열아홉 해의 봄. 당신과 함께한 열아홉 해의 여름. 당신과 함께한 열아홉 해의 가을. 당신과 함께한 열아홉 해의 겨울. 그리고 당신과 함께한 스무 해의 봄. 이천십칠년 오월 이십사일. 아름다운 옷을 입고 당신을 만나고 싶어요. 사랑합니다."

이어졌습니다.

제냐의 사건은 유세프와는 달랐습니다. 우선 증거가 비교적 풍부했습니다. 제냐의 정치 활동에 대한 자료도 많았고, 제냐의 파트너였던 모어가 우리나라의 대표적인 퀴어 무용수로 자리매김하면서 둘의 관계가 자연스럽게 언론에 보도된 덕분에 그가 성소수자라는 사실을 입증할 증거도 많았습니다. 러시아에서 반푸틴 활동가와 성소수자에 대한 처벌도 강화되는 분위기였습니다. 제냐는 한국에서 기자로 활동하는 내내 그리고 신문사를 그만둔 뒤에도 자신의 웹사이트에 본국 러시아에서 벌어지는 푸틴의 독재에 반대하는 목소리를 표명해왔는데, 그의 이러한 정치 활동이 러시아에서 법적 처벌 대상이 되어버린 것입니다. 그뿐 아니라 트랜스젠더의 성별정정을 금지하고, 동성애를 옹호하는 행위도 금지하는 법안들이 통과되는 등 성소수자 탄압 역시 심화되었습니다. 9시간이 넘는 난민 심사 인터뷰를 두번이나 진행하면서 제냐는 자신의 정치 활동, 모어와의 관계에 대해 꼼꼼하게 진술했고, 셀 수 없이 많은 자료들이 그의 진술을 뒷받침했습니다.

심사 결과 통보일이 5월에서 8월로, 다시 10월로 미뤄졌습니다. 애가 타던 중 제냐의 연락을 받고 저도 모르게 소리를 질렀습니다. 그의 문자에 첨부된 사진은 바로 '난민 인정증명서'였습니다. 만약 제냐조차도 난민 지위를 인정받지 못한다면 '도대체 성소수자로서 난민으로 인정되는 사람이 존재하기는 할까' '변호사의 조력이 무슨 도움이 될까' 하는 근본적 의구심에 빠지려던 찰나, 1퍼센트의 바늘구멍을 뚫고 받아든 난민 인정 결정이었습니다.

제냐는 부정할 수 없이 나빠진 러시아의 정치 상황과 자신이 펼쳐온 다양한 정치 활동의 증거들, 푸틴의 성소수자 박해 법안 발의, 모어와 함께한 언론 인터뷰 등 여러 요인이 중첩적으로 작용해 난민으로 인정받을 수 있었습니다. 하지만 한국에 머무르는 동안 본국의 상황이 불리하게 변화한 예외적인 경우였기 때문에 우리가 그토록 깨부수고 싶었던 대법원의 기준, 즉 과거에 본국에서 성소수자임이 공개되고 그로 인해 박해받은 경험이 있어야 한다는 높은 장벽을 깨지는 못했다는 아쉬움이 남았습니다.

오랜만에 들려온 난민 인정 소식에 한없이 기쁘기도 했지만, 난민협약상 난민으로 인정받기 충분함에도 제시할 증거가 제냐만큼 풍부하지 않아 오랫동안 고전 중인 다른 의뢰인들이 떠올라 어깨가 무거워졌습니다. 제냐의 사건을 너무 열심히 대리한 나머지 과도하다 싶을 만큼 제출된 다량의 증거들로 인해 혹시 법무부 내부의 성소수자난민 인정 기준을 높인 것은 아닌지 하는 우려마저 들었습니다.

2016두56080 판례를 바꿀 때까지

난민 지원 활동을 하다보면 사람들에게 더러 이런 질문을 받습니다. "도대체 그 난민은 왜 한국을 선택해서 온 것인가요?" 동성애자라는 이유로, 트랜스젠더라는 이유로 박해받을 위험에 처한 성소수자난민의 이야기를 하면 사람들은 더욱 궁금해합니다. 한국사회도 성소수자를 향한 온갖 혐오와 차별이 난무한데, 왜 굳이 한국을 찾아왔을까?

그만큼 절박하기 때문입니다. 난민 신청을 진행하는 동안 단순 노무만으로 먹고살아야 하는 수준의 자유밖에 주어지지 않고 1차 난민 신청에 실패한 99퍼센트의 난민 재신청자에게는 그마저의 자유도 바로 빼앗아가는 이 나라에, 언어도 문화도 종교도 피부색도 너무 달라 일상이 도전인 상황임에도 불구하고 굳이 한국에 와 난민 신청을 하는 이유는 그나마 이편이 본국에 있는 것보다는 안전하기 때문입니다. 유엔난민협약에 가입한 나라, 아시아에서 유일하게 자체적인 난민법을 가진 나라, 국제무대에서 인권 수호국임을 끊임없이 내세우고 자랑하는 나라 한국에 대한 환상도 큰 역할을 합니다. 박해의 위험을 피해 최대한 멀리 안전한 나라를 찾다보면 '한국'은 이론상 너무나 괜찮은 선택지처럼 보입니다.

하지만 정작 한국에서 마주하는 성적 지향과 성별 정체성에 대한 이해가 결여된 질문들, 인간의 가장 내밀하고 사적인 '성적 생활'의 영역을 끊임없이 증명해야 하는 심사 과정, 난민에게도 성소수자에게도 결코 친절하지 않은 사회적 분위기 등은 한국을 찾아온 성소수자난민에게 몹시 가혹한 현실입니다.

2024년 기준 한국의 난민 인정률은 약 1.7퍼센트에 불과합니다.[*] 한국에서 저희 공감을 포함해 난민을 지원하는 모든 분들에게는 아마 성공의 순간보다 실패의 경험이 더 많을 것입니다. 하지만 우리가 그 중에서도 특히나 엄격한 기준으로 심사하는 성소수자난민에 대한 지원을 멈출 수 없는 이유는, 성소수자난민이 한국사회에 걸고 있는 기

---

* 난민인권센터가 법무부로부터 정보공개 청구를 하여 받은 결과에 따르면, 2024년 12월 31일 기준으로 2024년 한 해 총 18,336명의 난민 신청자 중 105명이 난민으로 인정되어 난민 인정률은 1.75퍼센트입니다. 대한민국이 난민협약에 가입한 1994년부터 2024년까지 누적된 난민 신청은 총 122,096건이며, 2024년 12월 31일 기준 누적 난민 인정자는 총 1,544명입니다.

대에 조금이라도 응답하고 싶기 때문입니다.

사실 이는 제가 한국사회에 걸고 있는 기대이기도 합니다. 한국이 언젠가 난민, 성소수자, 그리고 두 정체성을 모두 지닌 성소수자난민이 진정으로 안전하게 지낼 수 있는 사회가 될 수 있으리라는 기대, 그런 사회라면 우리 모두가 각자의 존재를 있는 그대로 드러내고 또 있는 그대로 받아들이며 살아갈 수 있을 것이라는 기대 말입니다.

무지개는 국경을 넘는다

1과 2 사이의 거리

비(非)수술 트랜스젠더

성별정정 소송

장서연   '모든 사람은 인간으로서 존엄과 가치를 가지며 법 앞에 평등하다'는 헌법의 가치를 믿습니다. 이를 실현하기 위해 오늘도 동료들과 함께 노력하고 있습니다.

"사람의 성별은 어떻게 결정될까요?"

성소수자인권에 관한 강의를 할 때, 이 질문으로 시작합니다. 대부분의 사람들은 한번도 의문을 가져본 적 없다는 듯 어리둥절해합니다. 그러면 조금 더 구체적으로 다시 묻습니다. "법은 사람의 성별을 어떻게 결정하고 있을까요? 우리 법에는 남성 또는 여성에 대해 정의하는 규정이 있을까요?"

트랜스젠더와 시스젠더

사람의 성별이 생물학적으로 결정된다는 고정관념은 사실과 다릅니다. 특히 성별을 법적으로 정할 때, 우리 대법원은 이미 오래전부터 사람의 성별은 생물학적 요소뿐 아니라 정신적 요소와 사회적 요소를 종합적으로 고려해서 결정해야 한다고 판결했습니다. 즉, 사람의 성별은 성염색체 또는 내외부 생식기에 의해 결정되는 것이 아니라 스스로 어느 성별에 귀속된다고 느끼는지, 사회적으로 어떤 성역할을 수행하고 있는지를 함께 보아야 한다는 것입니다.

그런데 여기서 차이가 생깁니다. 대부분의 사람은 생물학적 요소, 정신적 요소, 사회적 요소가 여성 또는 남성 어느 한 성별로 수렴합니다. 그런데 어떤 사람들의 경우 생물학적 요소와 정신적·사회적 요소가 불일치하는 경우가 있습니다. 이를테면 신체적으로 여성의 몸을 지니고 태어난 사람이 자신의 정체성을 남성으로 정의하는 것이지요. 우리는 보통 후자를 '트랜스젠더'transgender라고 하고, 전자의 경우 '시스젠더'cisgender라고 부릅니다.

문제는 우리 사회 대부분의 공간과 법 제도가 모든 사람을 시스젠더로 전제해 만들어져 있다는 것입니다. 우선 출생신고를 할 때부터 문제가 됩니다. 우리 법은 출생 후 1개월 내에 출생신고를 하도록 되어 있습니다. 보통은 신생아의 성별을 외부 성기로 판단해버리기 때문에 트랜스젠더의 경우 태어날 때부터 신고된 성별(지정성별)과 성별 정체성이 불일치하는 제도적 문제가 발생할 수밖에 없습니다. 출생신고를 포함한 우리 법 제도가 아직 트랜스젠더의 존재를 충분히 고려하지 않고 있기에 일어나는 문제입니다. 독일에서는 출생신고를 할 때 성별란을 공란으로 남겨둘 수 있도록 규정하여 자녀가 자신의 성별을 스스로 결정할 수 있게 하는 제도가 마련되어 있습니다.

소수자로 살아간다는 의미

하지만 한국의 경우에는 그렇지 않지요. 민수(가명)씨는 제가 공감에서 만난 트랜스젠더 당사자 중 한분이었습니다. 10여년 전 그를 처음 만났을 때 그의 당시 나이는 만 58세였습니다. 그는 짧게 자른 스포츠머리에 햇볕에 그을린 피부, 다부진 체격의 소유자였고, 환갑을 앞둔 나이에 억센 사투리를 쓰는 남성이었습니다. 하지만 그는 태어날 때 여성으로 성별이 지정되어 법적 성별은 여전히 여성인 채 여성의 신분증으로 생활하고 있었습니다. 민수씨는 30대 때부터 호르몬요법을 꾸준히 받았고 가슴 제거 수술도 해서 남성의 외관이었지만, 성전환수술*(성기 성형)을 완전히 마치지 않았다는 이유로 남성으로 성별정정을 하지 못한 상태였습니다.

민수씨는 공감이 지원한 다른 트랜스젠더 성별정정 사건의 언론보도를 보고 공감에 찾아왔습니다. 그는 자신의 성별 정체성을 반영하지 못하는 신분증 때문에 취직을 하기가 어려워 30년을 택시 기사로 일했습니다. 오래도록 교제하며 동거하고 있는 여성과 결혼도 할 수 없는 상황이었습니다.

취직이나 결혼 외에도 시스젠더들은 상상조차 할 수 없는 '일상적'이고 '사소한' 부분들에서 신분증 때문에 덜커덕 걸려 넘어져야 했습니다. 은행이나 병원, 공공기관을 가면 늘 본인 확인에 어려움을 겪었고, 자꾸만 큰소리로 반복해서 본인이 맞는지 되묻는 직원을 마주할

● 　최근에는 '성확정수술'이라는 용어를 사용하지만, 여기서는 법적 지침에 규정된 '성전환수술'이라는 용어를 사용했습니다.

때마다 심한 수치심을 느꼈습니다. 택시 기사를 그만두고 운영하던 식당에서 진상 손님이 시비를 걸어도 싸움이 커져 경찰서에 갈 일이 생길까봐 노심초사해야 했고, 배드민턴 동호회 활동도 주민등록번호를 기입해야만 회원으로 가입할 수 있어 포기했습니다. 실수로 지갑을 떨어뜨렸을 때 주민등록번호가 누군가에게 노출될까봐 항상 지갑 속에 주민등록증을 뒤집어 넣고 다녔습니다. 그는 더 나이 들기 전에 다른 사람들처럼 '평범한' 일상을 누리고 싶었습니다.

성전환수술을 통해 강요하는 신체

공감은 민수씨가 법적 성별을 정정할 수 있도록 지원하기로 했습니다. 하지만 처음 신청한 1심 법원은 민수씨의 신청을 기각했습니다. 민수씨가 자궁적출술과 남성 성기 성형수술, 즉 성전환수술을 하지 않았다는 이유였습니다. 이제 환갑을 앞둔 그는 장기간의 호르몬요법으로 무월경 상태인 데다 사실상 완경의 나이이기도 해서 자궁을 적출하는 수술을 굳이 할 필요가 없는 상황이었습니다. 그럼에도 1심 법원은 성별정정을 하려면 의료적으로 필요하지도 않고 신체에 위험을 줄 수 있는 수술을 하라고 요구하는 것이었습니다.

1심 법원은 대법원의 지침을 근거로 댔습니다. 대법원은 가족관계 등록 예규로 '성전환자의 성별정정 허가 신청사건 등 사무처리 지침'을 만들었는데, 그 안에 성별정정 허가 조사 사항으로 '성전환수술을 통하여 생식 능력을 상실할 것' '외부 성기를 포함한 신체 외관이 반대

1과 2 사이의 거리

의 성과 흡사할 것'이라는 내용이 있습니다.

우리는 다시 신청해보기로 했습니다. 그리고 트랜스젠더에게 성전환수술을 통해 시스젠더와 같은 신체를 가진 경우에만 성별정정을 허가하라는 대법원 지침은 헌법에 위배된다고 강조했습니다. 이는 사실상 정신적·사회적 요소보다 신체적·생물학적 요소를 절대시하는 것이고, 민수씨의 자기결정권과 신체를 훼손당하지 않을 권리를 침해하는 것이었습니다.

성별정정 사건에서는 필수적으로 비공개 심문을 거쳐야 합니다. 민수씨의 심문 기일에 함께 출석하기 위해 법원에 갔더니 당일에 성별정정 사건들을 몰아두었는지 법정 앞에는 다른 트랜스젠더 당사자들도 여럿 대기하고 있었습니다. 연령대도 다양했고, 친구나 애인과 같이 온 사람도 있었습니다. 우리는 긴장과 불안감이 감도는 분위기 속에서 순서를 기다렸습니다.

여러 사건을 경험하면서 알게 된 것은 판사들마다 심문을 진행하는 방식이 가지각색이라는 점입니다. 질문을 거의 하지 않는 판사가 있는가 하면, 성정체성을 깨달은 것은 언제인지, 왜 성별정정을 하려고 하는지 서면으로 제출한 내용을 세세하게 하나하나 확인해가며 질문하는 판사도 있습니다. 트랜스젠더 당사자에게 겉옷을 벗어보라고 하거나, 일어나서 한바퀴 돌아보라고 하는 경우도 있습니다. 얼마나 '남성스러운지' 또는 '여성스러운지' 눈으로 확인하고 싶다는 것이겠죠.

동석한 변호사로서 판사의 부적절하거나 무례한 요구에 이의를 제기할 수도 있지만, 사실상 성별정정의 허가권은 완전히 판사가 쥐고 있기 때문에 혹여 판사의 심기를 거스를까봐 다른 사건에 비해 이의를 제기할 때 더 신중할 수밖에 없습니다. 심문 절차에 들어가기 전 부적절한 요구에 대해 이의를 제기할지 당사자에게 미리 의사를 묻기도 합니다. 보통은 매우 부적절한 경우가 아니면 그냥 감수하게 되는 편입니다.

진정한 관용이란

사실 민수씨와 유사한 사건에서 먼저 승소한 사례가 있었습니다. 2013년 서울서부지방법원은 트랜스젠더 남성 5명이 성별정정을 신청한 사건에서 정정을 허가하기로 결정했습니다. 성전환수술을 하지 않은 상태에서 성별정정을 허가한 첫 사례였습니다. 제가 소속한 SOGIsexual orientation(성적 지향), gender identity(성별 정체성)법정책연구회에서 공익 소송으로 기획했던 사건이었지요. SOGI법정책연구회는 변호사·연구자·활동가로 구성된 성소수자인권 정책 모임으로, 트랜스젠더들에게 성별정정을 위해 성전환수술을 요구하는 것은 인권침해라는 문제의식을 공유했고 이를 바꿔보자는 목적으로 공익 소송을 제기했습니다.

당시 심문에서 판사가 신청인에게 마지막 진술을 하라고 하자 신청인들 중 가장 나이가 많았던 분이 진술했습니다.

저보다는 젊은 친구들이 이번에 성별정정이 꼭 되었으면 좋겠습니다. 저는 이제 나이가 많아서 성별정정이 된다면 혼인신고를 하고 싶다는 마음으로 신청했지만, 성별정정이 꼭 필요한 것은 오히려 저보다 젊은 친구들입니다. 성별정정이 되지 않는다면 제가 20년 넘게 겪었던 방황과 절망을 저들도 똑같이 겪어야 하기 때문입니다. 저들이 저와 같은 방황과 고통을 겪지 않았으면 좋겠습니다.

당사자들의 절박함이 그대로 전해진 걸까요? 대법원까지 갈 수 있다는 각오로 시작했는데, 1심인 서울서부지방법원에서 성별정정 허가 결정이 나왔습니다. 성전환수술을 하지 않은 상태에서 허가한 첫 결정이라는 결과도 기뻤지만, 결정문에 적힌 중요한 문장들이 유독 마음에 들어왔습니다.

우리 헌법은 제1조에서 우리나라가 민주국가임을 천명하고 있다. 민주사회는 국민 개개인이 인간의 존엄성을 유지하면서 평등하게 자신이 지니고 있는 기본 특성을 인정받을 때 유지된다. 이러한 민주사회의 특징은 우리 사회의 기본 질서를 해하지 아니하는 한 다양성을 존중하고, 차별이 없는 존경과 배려로 서로를 관용할 때 이루어지는 것이다. 그리고 관용은 나에게 편안한 사람들과 편안한 삶의 방식을 공유하는 공간을 내어주는 것이 아니라 나에게 불편한 사람들과 불편한 삶의 방식을 함께할 공간을 내어주는 것으로서 차이를 뛰어넘는 동등과 배려와 존중을 의미한다.

저는 성별정정 사건을 지원하면서 당사자들로부터 신분증상 성별의 불일치 때문에 겪게 되는 고통을 생생하게 전해 듣습니다. 지옥 같았다는 학창 시절, 취업 면접 과정에서 겪었던 차별과 모멸감…. 동네 사람들에게 알려질까 두려워 평생 한번도 투표소에 가지 못했다는 사연도 있었습니다. 신분증의 성별을 하나 바꾼다고 이들의 삶이 극적으로 바뀌지는 않을 것입니다. 하지만 최소한의 존엄을 지키며 살아가기 위해 기본적으로 갖추어야 할 조건임은 분명합니다.

평생을 증명할 책임

민수씨의 심문 기일을 마치고 돌아가는 길. 다행히도 친절한 판사를 만났습니다. 하지만 아무리 분위기가 우호적이었다고 하더라도 심문을 마치고 나올 때 저의 기분은 착잡하고 씁쓸해집니다. 자신의 정체성을 타인에게 증명해야 하는 상황이 불공평하게 느껴지기 때문입니다. 누구보다 평생을 스스로 고민하며 살아왔고 살아갈 당사자들인데, 사정도 잘 모르는 타인에게 자신을 증명해야 하는 책임까지 떠안습니다. 소수자에 대한 존중이 없는 사회임을 느끼는 순간입니다.

심문 기일이 지나도 다 끝난 것이 아닙니다. 일반 소송과 달리 성별정정 사건은 선고 기일이 따로 지정되지 않습니다. 불안한 마음을 안고 무기한으로 기다리는 수밖에 없습니다. 최악의 경우 1년이 넘게 걸린 적도 있습니다. 다행히 민수씨는 한달 후 법원으로부터 결정문을 받았습니다.

사건 본인 신청인의 가족관계등록부 중 성별란의 '여'를 '남'으로 정정함을 허가한다.

수술요건 폐지하라 성소수자인권단체와 함께 기자회견을 열어 성별정정 수술요건 폐지를 외치고, 국가인권위원회에 진정을 제기했습니다. 국가인권위원회 '트랜스젠더 혐오차별 실태조사'에 따르면, 트랜스젠더 응답자 591명 중 성별정정을 완료한 사람은 47명(8.0퍼센트)에 불과합니다. 성별정정을 완료하지 못한 이유에 대해 229명(58.9퍼센트)은 '성전환 관련 의료적 조치에 드는 비용 때문'이라 답했고, 150명(29.5퍼센트)은 '성전환 관련 의료적 조치에 따른 건강상 부담 때문'이라 답했습니다.

이 한줄의 주문을 얻기 위해 민수씨가 겪어야 했던 시간들을 상상해봅니다. 성별정정 허가 결정을 받아내 너무 기쁜 동시에, 누군가에게는 숨 쉬듯이 당연히 주어지는 권리가 누군가에게는 평생을 증명해야만 획득할 수 있는 것이라는 이 상황을 처연히 돌아보게 됩니다. 사람의 성별을 여성과 남성, 이분법적으로 완고하게 나누고 짜놓은 세계에서 트랜스젠더의 지위는 늘 불완전할 수밖에 없습니다.

남성 교도소에 갇힌 트랜스젠더 여성

어느 날 정자체로 꾹꾹 눌러쓴 한통의 편지가 한국성적소수자문화인권센터 앞으로 왔습니다. 남성 교도소에 갇힌 트랜스젠더 여성 수현(가명)씨의 편지였습니다.

수현씨는 당시 법적 성별을 정정하지 않아 남성 교도소에 수용되었습니다. 입소 전 사용했던 여성 속옷을 입소 이후에도 차입해 써오다가 속옷이 낡아 새로 구입해야 했는데 교도소에서 불허했습니다. 담당 교도관은 수현씨에게 '남자가 왜 여자 옷을 입으려 하는지 모르겠다'며 멸시하고, 마귀가 씌었다면서 성경을 펴놓고 기도를 하기도 했습니다.

수현씨는 정신적 고통을 호소하며 여성호르몬 투여를 요구했으나 이마저 거절당했고, 여러곳에 도움을 요청하는 편지를 썼습니다. 그러나 법무부, 여성부, 국가인권위원회 모두 '안타깝지만 어쩔 수 없다'

는 형식적인 답변을 보내올 뿐이었습니다.

수현씨는 교도소 측의 반복된 거절과 멸시에 비참함을 느꼈습니다. 이에 항의하면 '지시명령 불이행'으로 트집을 잡아 징벌을 내렸습니다. 수갑 같은 계구를 사용해 온몸을 꽁꽁 묶어 움직이지 못하게 했고 묶여 있는 동안 샤워도 할 수 없었으며, 추위에 방치된 채 동상으로 발이 얼어버리기도 했습니다. 끝이 보이지 않는 고통에 수현씨는 결국 자신의 신체를 가위로 절단하는 자살 시도를 했습니다. 불행 중 다행으로 쓰러진 수현씨를 발견한 교도관에 의해 병원에 후송되었습니다.

이후 다른 교도소로 이감된 수현씨는 한국성적소수자문화인권센터에 처음으로 편지를 보냈습니다. 수현씨의 사연을 알게 된 센터는 감옥 내 인권을 다루는 천주교인권위원회, 트랜스젠더인권활동단체 '지렁이', 한국게이인권운동단체 '친구사이', 그리고 공감과 함께 '교정시설 내 LGBT 처우개선을 위한 프로젝트'를 조직하고 이 사건에 함께 대응하기로 했습니다.

저에 대한 규정이 생기기를 바랍니다

수현씨의 출소 이후 국가배상청구 소송을 진행했습니다. 성소수자 인권에 관한 소송을 진행하다보면 공통적으로 겪게 되는 일이 있습니다. 첫째로 판례가 없습니다. 즉, 같거나 유사한 사안에 대한 선례가 없는 것입니다. 둘째는 재판부가 어리둥절해하는 것이 느껴집니다. 그 표정을 보면 '왜 이런 사건을 법원에 들고 왔지?' 하는 속마음이 들리는 것 같습니다.

　교도소의 트랜스젠더 수용자 문제도 마찬가지였습니다. 사실 저조차도 수현씨를 알기 전에는 이런 문제가 발생할 수 있다는 것을 상상조차 해보지 못했습니다. 아직 법적 성별정정을 하지 못한 트랜스젠더 수용자는 남녀로 구분된 시설에서 어디로 수용되어야 하는가? 수형 생활을 하면서 의복이나 호르몬치료와 같은 의료적 조치는 어느 정도까지 보장해야 하는가? 트랜스젠더에게 필요한 처우를 하지 않는 교도소는 법적 책임을 지는가? 트랜스젠더의 경우에도 사람마다 트랜지션˚의 단계가 다르기 때문에 해답은 단순하지 않습니다.

　"제가 소송을 하게 된 이유는 하나뿐입니다. 교정시설에 성적 소수자 보호 규정이 만들어지길 바랍니다. 저와 같은 사람이 다시는 없길 바랍니다. 사람이기에 죄를 짓기도 합니다. 죄를 지었지만 사람입니다. 교정시설이라고 해서 인권이 침해될 수는 없습니다."

　수현씨는 금전적 배상을 받기 위해 소송을 시작한 것이 아니었습니다. 이 문제가 사회적으로 공론화되고, 비록 소수이지만 같은 문제가 재발하지 않기를 바랐습니다. 그리고 자신과 같은 사례를 합리적으로 다룰 '규정'과 '제도'의 존재가 생기기를 소망했습니다.

　법원을 설득하기 위해 외국의 사례들을 찾았습니다. 미국, 캐나다, 호주 등에서는 이미 여러 사례와 논쟁이 있었습니다. 미국의 경우 과거에는 교도소 수용자가 호르몬치료나 성전환수술을 받을 수 없다고 판결했었습니다. 하지만 이후 트랜스젠더 수용자에게는 의료적 지원

●　지정 성별의 외모, 신체 특징, 성역할 등을 자신의 성별 정체성에 맞춰 변화시켜 나가는 과정을 말합니다.

이 필요하며, 만약 호르몬치료나 성전환수술 등이 의료적으로 필요하다면 이러한 의료 조치를 단순히 비용 문제나 여론 때문에 거절하는 것은 미연방 수정헌법 제8조에서 금지하고 있는 '잔인하고 비정상적인 처벌 금지' 규정을 위반한 것이라는 판결이 있었습니다. 영국에는 트랜스젠더 수용자에 대한 구체적인 지침이 있었습니다. 트랜스젠더 수용자들에 대한 의학적 처우, 교도소 내 배치, 개명이나 호칭 문제, 신체검사, 복장 규정, 물품 사용, 안전관리의 측면마다 하나하나 구체적인 기준을 제시하고 있었습니다.

느리지만 선명한 변화

우리는 이 외국 사례들을 근거로 교도소 측이 수현씨에게 호르몬치료 등 의료적 처우가 절실하게 필요함에도 이를 불허하고 원래 사용하던 여성용 속옷을 못 입게 하여 정신적 고통을 겪게 한 것, 나아가 당시 수현씨는 정신적 고통으로 인한 심리적 불안 상태였기에 자해 및 자살 우려자로 분류·보고되어 있었음에도 담당 교도관이 무신경하게 가위를 제공하여 자해 사고가 발생한 점에 대해 교도소 측에 법적 책임이 있다고 주장했습니다.

하지만 법원은 수현씨에 대한 교도소의 의료적 처우에 과실이 있다고 단정하기 어렵다면서 우리의 주장을 배척했고, 다만 자해에 사용할 수 있는 가위를 건네준 것은 계호 의무를 위반한 바이기에 손해배상 책임이 있다고 판결했습니다. 트랜스젠더 수용자 문제에 관해 법원의 전향적인 판결을 기대했던 우리로서는 너무나 아쉬운 결과였습니다.

하지만 이 소송을 계기로 트랜스젠더 수용자 문제에 관한 사회적 논의가 촉발되었고, 인권단체를 중심으로 토론회가 개최되었습니다. 국가인권위원회에도 트랜스젠더 수용자의 진정 사건과 이에 대한 인권침해 결정 사례가 점점 쌓였습니다.

법무부의 지침에도 변화가 생겼습니다. 다음은 법무부가 트랜스젠더 수용자에 대한 처우 규정으로 세운 '성소수자 수용 처우 및 관리 방안' 중 일부입니다.

기본원칙

– 수용동 및 거실 지정, 운동·목욕, 동행 등 처우 관련 성소수 수용자 본인의 의견을 수렴

– 성소수 수용자의 성정체성 존중을 바탕으로 다른 수용자 및 근무자의 편견과 유형·비유형적 폭력으로부터 보호

의료 처우

– 성소수 수용자가 호르몬 투여 등으로 외부 의료시설 진료를 요청하는 경우 의무관 진료·상담 등을 통해 필요성, 건강에 미치는 영향 등을 고려하여 결정

– 자비부담으로 하는 호르몬 투여(교정시설 내)는 특별한 경우를 제외하고 허용

1과 2 사이의 거리

의류 및 생활용품 지급

    – 수용자복: 지정된 수용동 기준에 따라 평상복 지급. 다만 속옷·화장품 등은 해당 수용자의 의견, 성정체성 등을 고려하여 필요한 물품 지급

비록 당시 소송을 통해 우리가 원하는 바를 다 이루지는 못했지만, 시간이 지나 수현씨가 바랐던 대로 교정시설에서 성소수자를 보호하기 위한 규정이 만들어진 것입니다.

'예외적' 존재로 남겨두지 않기

첫 질문으로 다시 돌아가봅니다. 사람의 성별은 어떻게 결정될까요? 사람의 성별은 생물학적 요소뿐 아니라 정신적·사회적 요소도 함께 고려하여 결정해야 한다는 것이 명백한 법적 기준입니다. 그런데 남녀 성별 구분으로만 짜여 있는 오늘날 한국사회의 제도들은 트랜스젠더의 존재 자체를 전혀 전제하고 있지 않습니다. 트랜스젠더의 존재가 '예외'적인 것이 아니라 제도의 '미비'가 문제인 것입니다. 트랜스젠더 당사자들은 법적 성별을 공인받기 위해 오랫동안 '제도 바깥'에서 고군분투하며 성별을 증명하고자 삶의 중요한 시간 대부분을 소진하게 됩니다. 누군가에게는 태어나자마자 '당연하게' 주어지는 권리가 누군가에게는 인생을 건 과업이 되는 것입니다.

소수자의 관점에서 제도를 들여다보는 일은, 그들을 예외적 존재로 제도 밖에 남겨두지 않도록 제도의 빈 곳을 찾는 일입니다. 소수자

의 관점에서 질문을 던지면 단순히 소수자의 존재를 기존 제도 안으로 편입시키는 것뿐 아니라 제도를 재구성할 수도 있습니다. 성별 구별이 굳이 필요하지 않은 영역에 불필요한 성별 기재를 없애고, '남성스럽다' '여성스럽다'라는 성별 고정관념에 도전할 수도 있습니다. 개인마다 다양한 신체를 지닌다는 사실을 존중하며 소수자의 권리를 보장하는 것은 곧 모든 사람을 보다 자유롭게 하는 출발선입니다.

제가 좋아하는 영화 「너의 이름은.」을 연출한 신카이 마코토 감독은 "공감과 타인에 대한 상상력은 인간의 가장 중요한 능력 중 하나"라고 말했습니다.● 오늘도 나와 다른 타인의 삶에 대해 공감하고 상상해보려고 노력합니다. 제도의 빈 곳을 찾아 소수자들의 자리를 기입하고자 분투합니다. 단 한명이라도 제도 밖의 예외적 존재로 남겨두는 것은 결코 정의正義가 아니기 때문입니다.

● 「너의 이름은」의 신카이 마코토 감독, "'내가 만약 당신이라면…'이란 상상력이 세상을 더 좋게 만들 것이다"」 「허프포스트코리아」 2017.01.02.

갚지 못할 돈을 빌려드립니다

캄보디아 진출 한국 은행들의

빈민 약탈 대출

강지윤　인류가 직면한 여러 위기는 세계 곳곳에서 삶을 이어나가는 가장 취약한 사람들의 인권을 위협합니다. 이를 극복하기 위해 국경을 초월한 연대와 제도 구축이 그 어느 때보다 필요한 오늘입니다.

2024년 8월 캄보디아 북동부 라타나키리^{Ratanakiri} 주. 이곳은 울창한 숲으로 덮인 고원지대로 캄보디아 주류 사회와 다른 언어와 문화를 가진 소수민족들이 대대로 공동체를 이루어 살아온 지역입니다. 유엔에서 지정한 최저개발국, 소위 '최빈국'인 캄보디아에서도 개발·교육·보건 수준이 가장 낮은 곳 중 하나로 기대수명이 남성 39세, 여성 43세에 불과합니다.

여기에서 만난 소수민족 토·차크리야(이상 가명) 부부는 30대 후반이라는 비교적 젊은 나이에도 얼굴에 주름과 걱정이 가득합니다. 불어난 빚을 갚을 수 없어 담보로 잡힌 토지를 팔아야 하는 처지에 놓였기 때문입니다. 농사를 짓는 부부에게 토지는 유일한 생계 수단입니다. 정규교육을 거의 받지 못했고 캄보디아 공용어인 크메르어도 하지 못하기 때문에 취업도 쉽지 않습니다. 토지가 없다면 앞으로 어린 5남매를 어떻게 키워야 할지 막막합니다.

빚을 갚지 못해 토지를 잃는 캄보디아 농민들

2년 전, 토·차크리야 부부가 대출을 받은 은행은 다름 아닌 KB국민은행의 캄보디아 법인 'KB프라삭은행'이었습니다. 오토바이를 타고 마을을 방문한 영업 직원들은 부부가 이미 다른 빚이 있고 소득이 적다는 것을 알면서도 토지를 담보로 더 많은 돈을 빌릴 것을 권유했습니다. 부부는 지역에 대대로 거주한 선주민으로서 토지에 대한 권리를 인정받았는데, 그동안 땅값이 많이 올랐기 때문입니다.

은행 직원들의 끈질긴 권유에 부부는 토지를 담보로 한국 돈으로 1,000만원이 넘는 큰돈을 빌렸습니다. 대출약정서는 부부가 읽지 못하는 크메르어로 작성되었고 직원들은 각종 수수료가 얼마인지, 돈을 늦게 갚으면 어떻게 되는지 등 올바른 재정적 결정에 필요한 내용을 제대로 설명하지 않았습니다. 부부는 아직도 이자율이 얼마인지 모르지만 은행으로부터 매달 이자로 내야 하는 금액을 안내받아 지불하고 있습니다.

부부는 빌린 돈으로 기존 빚을 갚고 남은 돈으로 땅을 더 사서 상품작물인 캐슈와 카사바를 재배했습니다. 그렇게 수입을 늘려 빚을 모두 갚고 아이들을 부족함 없이 키우기 위한 경제적 안정을 꿈꾸었습니다. 그러나 부부의 꿈은 오래가지 못했습니다. 기후변화로 캐슈꽃이 일찍 말라버려 생산량이 대폭 줄어든 것입니다. 엎친 데 덮친 격으로 차크리야씨 아버지의 갑작스러운 사망으로 장례 비용까지 지출하면서 매달 이자를 갚기도 어려운 상황에 처했습니다.

갚지 못할 돈을 빌려드립니다

상환이 늦어지자 은행 직원들의 공격적인 추심이 시작되었습니다. 허락 없이 가족의 집에 들어와 돈을 갚지 않으면 지방관청에 신고하겠다고 아이들 앞에서 부부를 협박하며 담보로 잡힌 토지를 직접 팔거나 사채를 받아서라도 돈을 갚으라고 으름장을 놓았습니다. 부부는 직원들의 계속된 압박을 견디지 못하고 상환금을 마련하기 위해 이자율이 연 120퍼센트에 달하는 사채를 빌려야만 했고, 빚은 점점 불어났습니다. 부부는 불어난 빚을 감당하지 못해 결국 얼마 전 토지를 팔겠다는 각서에 서명해야 했습니다.

학교에 다니던 18살, 16살 두 딸은 통학비가 부담스러워 학업을 중단하고 부모님의 농사를 돕기 시작했습니다. 부부는 수입을 보충하기 위해 틈틈이 숲에서 열매를 채집합니다. 이 마을에는 과도한 빚으로 이미 토지를 잃은 사람들이 또 있었습니다. 이들은 근처 베트남 회사가 운영하는 고무 농장에서 일용노동자로 일하게 됐지만 일당을 제대로 받지 못했습니다. 이로 인해 자살한 사람도 있었지요. 그러나 당국은 자살의 원인을 '집안 문제'로 결론짓고 조용히 덮었습니다.

하루 수입 삼천원, 빚은 오천만원

캄보디아 수도 프놈펜 외곽에서 노점 장사를 하는 40대 여성 사오마(가명)씨는 4년 전 남편이 사고로 세상을 떠난 뒤 홀로 6남매를 돌보며 한국 돈으로 5,000만원이 넘는 빚을 갚고 있습니다. 노점에서 돼지고기 덮밥을 팔고 틈틈이 이웃의 빨래를 해서 버는 돈은 하루에

3,000원 정도. 원금은커녕 이자와 연체 이자를 갚기에도 벅찹니다.

빚 상환에 대한 압박으로 사오마씨와 아이들은 잘 먹지 못하고 몸이 자주 아픕니다. 사오마씨 본인은 40대 초반 나이에 벌써 당뇨와 고혈압을 앓습니다. 머리카락이 빠지고 치통도 있지만 이를 뺄 돈이면 아이들을 먹일 쌀 한포대를 살 수 있기에 치료를 계속 미룹니다. 막 성인이 된 큰딸은 결혼식장에서 노래를 부르며 돈을 벌고, 나머지 아이들은 어머니의 노점 일을 돕습니다. 막내인 4살 딸은 신발이 너무 낡아 인권 활동가에게 새 신발을 선물받았지만, 아까워서 신지도 못하고 맨발로 다닙니다. 어려운 상황에서도 아이들은 집과 땅을 팔더라도 절에 가서 함께 살면 된다며 어머니를 위로합니다.

사오마씨 부부는 2020년 KB프라삭은행에서 토지를 담보로 돈을 빌려 커가는 아이들을 위한 새집을 짓고 남편이 부업으로 운전할 소형 택시 툭툭을 구매했습니다. 그러나 얼마 지나지 않아 남편이 툭툭을 운전하던 중 뺑소니 사고를 당해 허망하게 세상을 떠나고 말았습니다. 가해자를 찾지 못해 유가족은 어떠한 보상도 받지 못했습니다.

남편의 죽음을 애도할 겨를도 없이 빚을 갚아야 하는 날은 돌아왔고 갚을 돈은 없었습니다. 사오마씨는 KB프라삭은행에 매달 갚아야 하는 금액을 낮추고 상환 기간을 늘리는 방식으로 채무를 조정해줄 것을 간청했습니다. 그러나 은행 직원들은 그런 정책이 없다며 요청을 거절했습니다. 오히려 남편이 정말로 사망했는지 유골함을 확인하겠다면서 허락 없이 사오마씨의 침실에 무단으로 침범하려 했습니다. 당시를 떠올리던 사오마씨는 "아이들이 없었으면 이미 자살했겠죠"라며 텅 빈 표정으로 중얼거렸습니다.

갚지 못할 돈을 빌려드립니다

빈곤을 착취하는 한국 은행들

토·차크리야 부부, 사오마씨와의 만남은 2023년 가을, 출장 중 우연히 만난 캄보디아 인권 활동가가 전해준 이야기에서 시작되었습니다. 캄보디아에 진출한 한국 은행들이 과거 빈곤 퇴치를 목적으로 설립된 소액금융 기관을 인수하여 농촌 빈곤층을 대상으로 갚을 수 없는 많은 돈을 빌려주며 이득을 취하는 '약탈적 대출' 사업을 벌이고 있다는, 다소 믿기 어려운 내용이었습니다.

알고 보니 캄보디아 소액금융 업계의 비윤리적 대출 관행 문제는 오래전부터 제기되어 왔습니다. 현지 인권단체들은 2019년부터 이 문제에 대한 보고서를 수차례 발표해 이러한 대출 관행이 농촌 빈곤층의 토지 상실, 주거 상실, 식량 부족, 아동 노동, 자살 등 심각한 인권 침해로 이어지고 있다고 경고했습니다. 주요 외신과 유엔인권이사회도 이 문제를 여러차례 지적했습니다. 2023년 영국『가디언』은 캄보디아 선주민 자살 사건들을 조사하며 약탈적 대출과 추심 전략으로 인한 과도한 빚이 피해자들을 절망과 죽음으로 내몰았다고 보도했습니다.[*] 유엔인권이사회에서 임명한 캄보디아 인권 특별보고관도 캄보디아 소액금융 업계의 대출 관행으로 인한 과도한 채무로 지난 5년간 약 167,000가구가 빚을 상환하기 위해 토지 매각을 강요당했다고 보고했

●   Jack Brook, "I am afraid I will kill myself, like my husband: spotlight on loan firms in Cambodia after Indigenous suicides," *The Guardian*, October 23, 2023.

습니다.[•]

문제의 심각성을 깨닫고 기업과인권네트워크^{••} 활동가들과 함께 대응에 착수했습니다. 한국 은행의 캄보디아 법인 중 규모가 가장 크고 비윤리적 대출 관행을 지적받아온 KB프라삭은행의 모기업 KB국민은행과 '캄보디아우리은행'의 모기업 우리은행 본사에 이 문제를 설명하고 대화를 요청하는 이메일을 보냈습니다. 그러나 아무 대답도 오지 않았습니다. 금융그룹 본사에 전화해 ESG^{•••} 담당 부서에 연락처를 남기고, 인터넷으로 소비자 민원까지 넣어보았지만 허사였습니다. 그나마 우리은행 측에서 돌아온 회신은 '캄보디아우리은행은 별도의 법인이기 때문에 답변이 어렵다'는 것이었습니다.

결국 네트워크 활동가들은 본사와의 대화를 통한 문제 해결이 어렵다고 판단하고 캄보디아에 직접 가서 실태조사를 진행하기로 결정했습니다. 2024년 8월, 총 5명으로 구성된 네트워크 조사팀은 열흘간 캄보디아 곳곳을 돌아다니며 KB프라삭은행과 캄보디아우리은행의 임원들, 두 은행의 대출 관행으로 어려움을 겪고 있는 피해자 14가구, 그리고 피해자들을 지원하고 있는 현지 인권 활동가 등과 만나 면담을 진행했습니다.

- Vitit Muntarbhorn, "Report of the Special Rapporteur on the situation of human rights in Cambodia," 유엔인권이사회, July 20, 2023.
•• '기업과인권네트워크'는 한국 기업의 해외 사업과 관련된 인권·노동·환경 문제를 감시하고 피해자를 지원하는 국내 인권·노동·환경·공익법단체 연대체입니다.
••• 'Environmental, Social and Governance'의 약자로, 환경 보호와 사회적 기여를 고려하고 법과 윤리를 준수하며 지속가능한 발전을 추구하는 경영 철학을 뜻합니다.

갚지 못할 돈을 빌려드립니다

아주 쉽게 빌려드립니다, 그 대신

　조사팀이 만난 피해자들은 사는 지역과 직업, 민족과 언어가 다양했지만, 이들이 경험한 두 은행의 대출 관행은 놀랍도록 일관적이었습니다. 은행 직원들은 오토바이로 농촌 마을을 돌며 교육 수준과 '금융이해력'이 낮은 농민들을 대상으로 돈을 쉽게 빌려주겠다며 대출 상품을 공격적으로 영업합니다. 그리고 농민들의 주요 자산인 토지를 담보로 가족의 평소 수입으로는 갚기 어려운 큰 액수의 돈을 빌려줍니다. 여기서 금융이해력financial literacy이란 기본적인 금융 용어와 개념을 이해하고 이를 바탕으로 올바른 재정적 결정을 내릴 수 있는 능력을 뜻합니다. 금융이해력의 부족을 '금융문맹'이라고도 하는데요, 2015년 연구에 따르면 캄보디아의 금융문맹률은 82퍼센트에 달해 세계에서 가장 높은 수준입니다.

　다른 피해자들도 토·차크리야 부부처럼 높은 이자율과 사전에 안내받지 못한 각종 수수료로 빚이 계속 불어나고, 가족 중 아픈 사람이 생기거나 기후변화로 농작이 실패하는 등 수입이 줄어들어 불어난 빚을 갚지 못하는 상황에 이르렀습니다. 그러자 은행 직원들은 수시로 가족의 집을 찾아와 감옥에 보내겠다고 협박하거나 공개적으로 모욕을 주는 등 횡포를 부리며 독촉했고, 담보로 설정한 토지를 헐값에 팔거나 사채를 얻어서라도 빚을 갚으라고 압박했습니다. 피해자들은 빚을 갚기 위해 가족들의 필수적인 식비·의료비·교육비마저 줄이거나 토·차크리야 부부처럼 압박을 견디지 못하고 생계 수단인 토지를 판매하여 더욱 깊은 빈곤에 빠지게 되었습니다.

열악한 환경 캄보디아 라타나키리주의 소수민족 마을에서 한 선주민이 베틀로 직물을 짓고 있습니다. 사진 속 인물을 포함한 많은 선주민들이 열악한 주거·노동 환경에 놓인 채 약탈적 대출로 고통받고 있습니다. 사진 제공 한겨레21 손고운.

이렇게 고객들이 빚으로 고통받는 동안 KB프라삭은행과 캄보디아국민은행은 이자 수입을 바탕으로 높은 실적을 기록했습니다. KB프라삭은행은 2021년부터 2023년까지 3년간 매년 평균 2,000억원이 넘는 막대한 이익을 기록했고, 같은 기간 캄보디아우리은행 역시 평균 740억원을 상회하는 이익을 올렸습니다. 유엔에서 지정한 최빈국이자 국민 5명 중 1명이 절대적 빈곤 상황에 놓인 캄보디아에서 농민·여성·저소득층을 주 고객으로 하는 사업이 어떻게 이런 수익을 올릴 수 있었을까요?

'마이크로파이낸스'에서 '약탈적 대출'로

'마이크로파이낸스'microfinance 혹은 '마이크로크레딧'microcredit이라는 용어를 들어보셨나요? 우리말로 소액금융 혹은 미소금융이라고도 하는데요, 방글라데시의 경제학자 무함마드 유누스 교수가 1980년대 설립한 그라민은행Grameen Bank이 현대적인 마이크로파이낸스의 원형이라고 할 수 있습니다. 신용이 없는 빈곤층, 특히 농촌 여성에게 담보 없이 소액을 빌려주고, 그 돈으로 작은 사업을 시작하거나 농업에 투자하여 수익을 얻고 빚을 갚고 스스로의 힘으로 빈곤에서 빠져나오도록 하는 것이 그 취지입니다. 이렇게 빈곤 퇴치와 수익 창출이라는 두 마리 토끼를 잡은 그라민은행의 마이크로파이낸스 사업 모델은 전세계로 뻗어나갔고 유누스 교수는 그 공로를 인정받아 2006년 노벨 평화상을 수상했습니다.

KB국민은행과 우리은행이 캄보디아에 진출하며 인수했던 금융기관이 바로 이런 마이크로파이낸스 기관이었습니다. KB국민은행이 인수한 '프라삭'은 1995년 오랜 전쟁으로 황폐화된 캄보디아 농촌의 재건을 지원하는 비영리단체로 설립되어 캄보디아 최대 마이크로파이낸스 기관으로 성장했습니다. 우리은행이 인수한 '비전펀드' 역시 한국에도 잘 알려진 국제구호단체인 월드비전이 2003년 설립하여 비영리로 운영하던 마이크로파이낸스 기관이었습니다.

그런데 언제부턴가 마이크로파이낸스는 빈곤 퇴치라는 본래 목적이 퇴색되고 수익을 좇는 영리사업으로 변모하기 시작했습니다. 원래는 무담보로 소액을 대출해주어 농민의 자립을 지원했지만, 이제는 토지를 담보로 점점 큰돈을 빌려주고 빚을 갚지 못하면 그 토지를 팔아서라도 갚도록 압박하여 농민의 생계 수단을 박탈하는 비윤리적 사업으로 변질된 것입니다. 이렇게 실제로 빚을 갚을 능력이 없는 사람에게 담보의 가치만 고려해서 과도한 돈을 빌려주고 이득을 얻는 비윤리적 대출 관행을 '약탈적 대출'predatory lending이라고 합니다. 은행은 대출 금액이 많아질수록 이자 수입이 늘어나기 때문에 이득을 얻지만, 빚을 갚지 못하는 사람은 이자의 늪에 허덕이다 담보마저 빼앗기고 극빈층으로 전락할 위기에 처합니다.

이런 방식의 대출 사업이 한국에서 이루어졌다면 이처럼 큰 문제가 되지 않았을 수도 있습니다. 한국에도 물론 취약계층이 존재하지만, 국민 전반적인 소득이나 교육 수준, 금융이해력이 상대적으로 높고 국가 차원에서 최소한의 인간다운 삶을 보장하는 사회보장 제도와 새 출발을 할 수 있는 개인파산 제도가 마련되어 있습니다.

갚지 못할 돈을 빌려드립니다

그러나 캄보디아의 상황은 전혀 다릅니다. 캄보디아 인구의 약 20퍼센트가 하루 4,000원 이하로 생활하는 빈곤층에 해당합니다. 더구나 도시와 농촌 간 소득 격차가 커서 농촌의 빈곤율은 도시에 비해 두 배 이상 높습니다. 사회보장은 빈약하고 개인파산 제도는 존재하지 않습니다. 만연한 부정부패, 세습 독재정권과 재계 간 결탁으로 금융 소비자는 보호받지 못합니다. 이런 상황에서 빚의 수렁에 빠지게 되면 가족의 끼니마저 해결하기 어려운 생존의 위기에 곧장 직면하게 됩니다.

캄보디아에서 마이크로파이낸스 사업이 본래 취지대로 운영되었다면 많은 사람들이 빈곤을 스스로 극복하도록 도와 인권을 증진하는 데 기여할 수 있었을 터입니다. 그러나 취지가 변질되고 마이크로파이낸스 기관들이 수익을 극대화하기 위해 서로 경쟁하면서 주민들은 더욱 깊은 빈곤에 빠지고, 이들의 식량권·주거권·건강권·교육권 등 최소한의 기본적 인권조차 침해하는 결과를 초래한 것입니다.

정말 의도하지 않았고 예상하지 못했을까?

혹자는 이렇게 반문할 수 있습니다. 사정이 딱하지만 은행들은 그저 돈을 빌려주었을 뿐이고 그걸 갚으라고 하는 건 당연하지 않습니까? 은행이 자선 사업을 하는 것은 아니지 않습니까? 결국 가장 큰 책임은 갚지 못할 돈을 빌린 사람들에게 있지 않습니까?

그러나 그 맥락을 다시 떠올려봅시다. 두 은행의 주 영업 대상은 교육 수준이 낮고 '이자율' '담보'와 같은 기초적인 금융 개념에 대한 이해가 부족한 농촌 빈곤층입니다. 토·차크리야 부부를 비롯한 대다수 피해자들은 대출을 받을 당시 이자율과 수수료, 채무불이행 시 담보 처리 방식 등에 대해 제대로 안내받거나 이해하지 못했습니다. 그럼에도 은행 직원들은 기존 빚이 상당하고 소득이 낮은 가구에도 더 많은 금액을 대출받도록 권유했습니다. 총액이 높을수록 본인의 인센티브와 은행의 이자 수입이 늘어나기 때문입니다.

토·차크리야 부부와 같은 사람들에게 큰 금액을 빌려주면 작은 경제적 충격에도 빚을 갚기 어려워진다는 것은 충분히 예측 가능합니다. 명백한 위험성에도 불구하고 이처럼 큰 대출 규모를 가능하게 한 것은 토지 담보였습니다. 캄보디아에서도 토지에 대한 담보권을 적법하게 실행하려면 한국에서처럼 법원을 통한 경매 등 사법절차를 거쳐야 하지만, 실제 대부분의 토지 매각은 법의 테두리 밖에서 이루어졌습니다. 은행 측에서 채무자의 담보 토지를 마음대로 매각할 권한이 없다는 사실을 제대로 설명하지 않았고, 오히려 채무자가 땅을 스스로 팔지 않으면 은행 측에서 헐값에 팔아버릴 수도 있다는 식으로 압박했기 때문입니다. 그 결과 토·차크리야 부부처럼 땅을 스스로 팔겠다는 각서를 받아낸 사례도 있었고, 은행 직원이 땅을 살 사람을 직접 주선해준 사례도 있었습니다.

은행 직원들도 피해자들의 사정을 알 텐데 왜 그렇게까지 몰아붙일까요? 직원들이 특별히 악랄한 사람들이어서가 아니라 은행의 추심 정책과 급여 구조가 공격적인 영업과 추심을 유도하기 때문입니다. 금융기관의 사회적 책임 경영에 관한 국제 기준인 'Cerise+SPTF 소비자 보

갚지 못할 돈을 빌려드립니다

호 기준'에 따르면 공격적 영업 관행을 방지하기 위해 일선 직원의 인센티브는 총급여의 50퍼센트를 넘지 않아야 합니다. 그러나 KB프라삭은행 임원의 제보에 의하면 일선 직원의 인센티브는 기본급의 최대 3배까지 누적되고, 본인이 담당하는 대출 중 부실채권의 비율이 3퍼센트를 넘어가면 인센티브를 아예 받지 못합니다. 이 때문에 직원들은 무슨 수를 써서라도 빚을 갚으라고 독촉에 나서게 되는 것입니다.

그리고 Cerise+SPTF 기준에 따르면 금융기관은 담보로 설정이 불가한 자산의 목록을 마련해야 하고, 특정 자산의 상실이 고객에게 심각한 어려움^{severe hardship}을 야기하거나 고객의 소득 창출 능력을 현저히 저해하는 결과로 이어진다면 그 자산은 담보로 설정하지 않아야 합니다. 즉, 캄보디아 농촌 빈곤층의 '토지'는 절대 담보로 설정해서는 안 되는 자산인 셈입니다. 그러나 두 은행은 토지를 담보로 설정하는 데 그치지 않고 공격적인 추심을 통해 토지의 상실을 유도했습니다.

이렇듯 겉보기에는 평범한 대출 사업으로 보이지만 자세히 들여다보면 고객의 취약성을 공략해 이윤을 극대화하는 사업 구조를 지니고 있습니다. 공격적인 영업과 추심은 직원 개개인의 일탈이 아닌 정책적으로 의도된 관행이었고 이에 따른 피해도 충분히 예상할 수 있었습니다.

악명 높은 한국 기업들의 이면

한국이 세계 10위권 경제 대국으로 성장하면서 국제사회에서 한국 기업들의 영향력도 점점 커지고 있습니다. 한국 기업들은 반도체·자동차·휴대전화·철강·조선·석유화학 등 다양한 업종에서 활약하며 글로벌 공급망에서 중요한 위치를 차지하고 있습니다. 이제 단순히 상품을 수출하거나 해외 사업을 수주하는 데에 그치지 않고 자본력을 바탕으로 외국에 직접 투자하며 다양한 해외 사업을 진행하고 있지요. 한국 은행들 역시 이런 흐름에 맞추어 해외 법인을 설립하거나 현지 금융기관을 인수하는 방식으로 해외에 진출하고 있습니다. 한국 기업들의 해외 진출은 그 나라 사람들의 인권 증진에 기여할 수 있습니다. 앞선 기술과 지식, 자본을 바탕으로 필요한 상품과 서비스를 제공하고, 일자리를 창출하고, 경제 개발을 촉진하여 현지 주민들의 생활수준을 향상시킬 수 있지요.

그러나 인권과 환경에 대한 위험을 충분히 고려하지 않은 무책임한 해외 사업은 오히려 현지 주민의 인권 향유를 저해하고 맙니다. 특히 인권·노동·환경에 대한 보호가 상대적으로 약한 나라에서 오로지 이윤 극대화만 지향한다면 노동자를 착취하고, 환경을 파괴하고, 현지 주민의 인권을 침해하는 결과로 이어집니다. 공감은 2008년 결성된 기업과인권네트워크의 구성 단체로 한국 기업의 해외 사업과 관련된 인권·노동·환경 문제를 감시하고 피해자를 지원하는 활동을 꾸준히 해왔습니다. 한국 기업이 연루된 인권 침해나 환경 파괴 사례를 국내에 알리고, 기업들에 문제적인 사업 관행을 바꾸고 피해자에게 적절한 구제를 제공할 것을 촉구하고, 피해자들이 국내외 구제 절차에 접근할 수 있도록 지원하고 있습니다.

그러나 안타깝게도 이런 활동을 통해 한국 기업과 관련된 문제가

갚지 못할 돈을 빌려드립니다

해결되고 피해자들이 구제를 받은 경우는 거의 없었습니다. 많은 한국 기업이 대외적으로 'ESG 경영'을 표방하며 사회적 책임을 다하겠다고 약속하지만, 실제로 인권이나 환경 문제가 제기되면 이를 은폐하기 급급하며 피해자의 목소리는 외면합니다.

2018년 대규모 붕괴 사고로 71명이 사망하고 1만명이 넘는 이재민이 발생한 라오스 세피안-세남노이 댐의 시공사인 SK건설은 사고가 인재였다는 전문가 진단에도 불구하고 부실공사 책임을 끝까지 회피했고, 피해 주민들은 6년이 지나도록 적절한 구제를 받지 못하고 있습니다. 한국 정부 역시 한국 기업의 해외 사업과 연관된 인권침해 및 환경 파괴 사례를 사실상 방치하고 있으며, 심지어 공기업이 해외 인권침해에 연루된 사례도 적지 않습니다.

이번 캄보디아 사례도 다르지 않습니다. KB국민은행과 우리은행 본사에 이메일, 전화, 온라인 민원 등 다양한 방법으로 캄보디아 법인의 비윤리적 대출 관행을 알리고 해결책을 모색하기 위한 면담을 요청했지만 두 은행은 무대응으로 일관했습니다. 캄보디아 현지에서 어렵게 만난 KB프라삭은행과 캄보디아우리은행 임원들도 은행의 대출 관행에 문제가 없고 피해자들의 주장은 사실이 아니라며 유엔에서도 지적한 문제의 존재 자체를 부인했습니다.

안타깝게도 한국 기업이 다수 진출해 있는 동남아시아에서 한국 기업은 인권과 환경을 존중하지 않는 것으로 악명 높습니다. 현지 활동가가 전해온 이야기에 따르면 어느 유럽 회사의 해외 사업에 대해 문제를 제기했더니 '그렇다고 우리가 철수하면 한국이나 중국 기업이 들어올 텐데 그러면 문제가 더 심해지지 않겠느냐'는 식으로 답했다고 합니다. 이런 사례들이 누적되면 국제사회에서 한국과 한국 기업의 평판도 추락할 것이 자명합니다.

Do no harm, 해를 끼치지 말라

최근 국제사회에서는 '기업의 인권 존중 책임'에 관한 다양한 국제 기준이 만들어지고 있습니다. 전통적으로 기본적 인권을 보장할 국제 인권법상 의무는 오로지 국가에만 있었습니다. 그러나 현대 사회에서 기업의, 특히 특정 국가의 통제를 벗어난 다국적 기업들의 영향력이 커짐에 따라 기업 역시 스스로의 영향력에 걸맞게 인권을 존중할 책 임을 다해야 한다는 국제사회의 공감대가 형성된 것입니다.

기업의 인권존중 책임을 규정하는 대표적인 국제기준은 2011년 유 엔인권이사회에서 만장일치로 채택한 「유엔 기업과 인권 이행 원칙」 UN Guiding Principles on Business and Human Rights입니다. 이 원칙에 따르면 모든 기업은 인권을 존중해야 하고, 인권을 직접적으로 침해하거나 공급망 이나 사업 관계를 통해 인권침해에 연루되는 것을 방지해야 합니다. 만약 이러한 노력에도 불구하고 인권침해가 발생하면 기업은 즉각 조 치하고 피해자에게 적절한 구제를 제공해야 합니다.

기업의 인권 존중 책임은 법적 구속력이 없는 국제 기준으로 시작 했지만, 점차 구속력을 갖추고 위반 시 법적 처벌이 가능한 '의무'로 발 전하고 있습니다. 2024년 유럽연합에서 채택한 '기업 지속가능성 실사 지침'은 유럽에서 활동하는 일정 규모 이상의 기업에 본사와 자회사뿐

갚지 못할 돈을 빌려드립니다

만 아니라 공급망과 가치사슬 내에 인권이나 환경에 대한 부정적 영향을 식별·방지·제거하는 인권 실사를 실시할 의무를 부과합니다. 이 지침은 2027년부터 단계적으로 실시되어 유럽연합에서 일정 수준 이상의 매출을 올리는 한국 기업들에도 적용되고, 위반 시 연간 글로벌 총매출의 최소 5퍼센트에 해당하는 벌금이 부과될 수 있습니다.

이는 기업에 불합리한 부담을 주는 조치가 아닙니다. 기업이 수익을 창출하는 과정에서 인권이나 환경에 부정적 영향을 미친다면, 그 사회적 비용을 현지 주민·노동자·소비자에게 전가하지 않고 스스로 책임지도록 하는 것입니다. 기업의 인권 존중 책임의 기본 원칙은 'Do no harm', 즉 '해를 끼치지 않는 것'입니다. 기부, 봉사활동 등 다양한 방법으로 사회에 공헌할 수 있지만, 우선 기업의 주요 수익 활동을 통해 인권이나 환경에 해를 끼치지 않아야 합니다.

KB금융그룹과 우리금융그룹 역시 이런 국제적 흐름에 맞추어 기업의 인권 존중 책임에 대한 국제 기준을 준수하겠다고 공개적으로 밝히고 있습니다. KB금융그룹의 '인권 정책'은 '유엔 기업과 인권 이행 원칙' '세계인권선언' 등 인권과 노동 관련 국제 기준을 준수하여 인권 경영을 추진하겠다고 선언합니다. 우리금융그룹의 '인권 원칙' 역시 '유엔 기업과 인권 이행 원칙' 'OECD 다국적기업 가이드라인' 등 인권에 관한 국제 기준을 존중하고 지지한다고 선언합니다.

KB금융그룹과 우리금융그룹은 스스로 준수하겠다고 약속한 국제 기준의 관점에서 그동안 지적되었던 캄보디아 법인의 비윤리적 대출 관행에 대한 독립적 조사를 실시하고 이를 시정하기 위한 조치를 취하며, 피해자들에게 적절한 구제를 제공해야 합니다. 또한 이 과정에서 피해자의 목소리를 경청하고 이해관계자와 협력하는 자세 역시 필수적입니다.

인권을 존중하는 기업 문화가 뿌리내리도록

캄보디아 내 한국 은행들의 약탈적 대출 문제를 한국에 알리고 은행들의 관행 개선과 피해자 구제를 촉구하는 활동은 여전히 진행 중입니다. 2024년 10월, 현지 실태조사에 동행한 기자의 기사를 통해 이 문제가 국내 언론에 처음 보도되었습니다.[*] 같은 달에는 국회 국정감사에 증인으로 출석한 우리금융그룹 회장에게 캄보디아 법인의 비윤리적 대출 사업에 대한 질문이 제기되었습니다. 우리금융그룹 회장은 처음 듣는 이야기라며 은행을 통해 확인해보고 해외에서도 금융의 사회적 책임을 다하도록 각별히 유의하겠다고 답했습니다.

현지조사를 다녀온 활동가들은 캄보디아에서 만난 피해자, 은행 관계자, 현지 인권 활동가들과의 면담 내용을 정리하고, 한국 은행들의 대출 관행과 이로 인한 인권 영향을 분석하고, 국제 기준에 따른 기업의 인권 존중 책임을 다하려면 각 주체들이 앞으로 어떤 조치를 취해야 하는지 제시하는 조사보고서를 작성하고 있습니다. 보고서는 추가 면담, 문헌조사를 거쳐 2025년 상반기에 발표할 예정입니다. 발표 후에는 은행 본사에 만남을 요구해 관행 개선과 피해자 구제를 위해 힘

●   손고운, 「한국 은행들에는 '기회의 땅' 최빈국 빈농에겐 '절망의 땅'」 『한겨레21』(제1533호) 2024. 10.

쓸 계획입니다.

　기업과인권네트워크는 한국에 인권을 존중하는 기업 문화가 뿌리 내릴 수 있도록 국내 제도를 개선하기 위해서도 노력하고 있습니다. 유럽연합의 '기업 지속가능성 실사 지침'처럼 일정 규모 이상의 국내 기업에 대해 인권 실사를 의무화하는 법률 제정을 위한 입법운동을 진행해 2023년 9월 아시아 최초로 기업 인권환경 실사 법안[●]이 발의되기도 했습니다. 법안에 따르면 기업은 국내외에서 기업 활동을 통해 인권을 침해하거나 환경을 파괴해서는 안 되고, 이미 발생한 피해에 대해서는 적절한 구제를 제공해야 합니다.

　국제사회에서 한국의 정치·경제·문화적 영향력이 커지면서 한국에 대한 사회적 기대도 높아지고 있습니다. 특히 나라별로 경제 발전의 격차가 현저한 아시아 지역에서 한국 정부와 기업이 지닌 영향력은 막강합니다. 단적인 예로 KB금융그룹은 2024년 이자 이익으로만 약 13조원을 벌어들였는데 이는 캄보디아 정부의 한해 예산과 맞먹는 금액입니다.

　기업의 인권 존중 책임을 다하고 국제 기준을 준수하는 것이 꼭 비용이 많이 들거나 어려운 일은 아닙니다. 사전에 사업이 현지 인권과 환경에 어떤 영향을 미칠지 충분히 고려해서 부정적 영향을 방지하거나 완화하기 위해 노력하고, 문제가 제기되면 이해관계자들과 성실히 소통하며 해결하는 자세에서 시작하면 됩니다. 인권을 존중하기 위한 노력은 당장의 재무적인 성과로 이어지지 않더라도 기업의 장기적

[●] 「기업의 지속가능경영을 위한 인권환경 보호에 관한 법률안」, 의안번호 2124147.

인 평판과 지속가능성을 견고히 하는 데 이바지할 수 있습니다. 반대로 인권과 환경에 대한 부정적 영향을 무시하고 이윤만 추구하는 기업 관행은 앞으로 관련 국제 기준의 의무화·법제화에 따라 기업의 지속가능성을 위협하는 중대한 리스크가 될 것입니다.

피해자들의 소박한 바람

사오마씨에게 한국 은행과 한국 사람들에게 하고 싶은 말이 있는지 물었습니다. 지금 벌이로는 그 많은 빚을 갚을 길이 없지만, 그렇다고 담보로 잡힌 집과 땅을 판다면 아이들과 함께 살아갈 곳이 사라집니다. 그러나 사오마씨는 본인이 아무리 고생하더라도 아이들의 미래를 위해 집과 교육은 끝까지 포기하지 않겠다고 다짐합니다. 어려운 상황에서도 빚을 갚는 일을 피하고 싶지 않고 최대한 갚을 것이라 말합니다. 다만 은행에서 상환 기간을 연장해 아이들이 어느정도 크고 나서 갚을 수 있도록 해주면 좋겠다고 합니다. 토·차크리야 부부 역시 오래 걸리더라도 꼭 갚을 테니 은행 측에 이자율과 수수료를 낮추고 상환기간을 늘려달라고 요청했습니다. 무리한 요구가 전혀 아닙니다.

이제 기업도 인권을 존중해야 합니다. 오로지 이윤을 극대화하기 위해 인권을 침해하고 환경을 파괴하는 기업이 설 자리는 없어질 것입니다. 한국 은행들의 책임 있는 대응으로 캄보디아에 있는 토·차크리야 부부, 사오마씨의 가족, 그리고 모든 피해자들이 과도한 빚의 수렁에서 벗어나 건강하고 행복한 미래를 꿈꿀 수 있기를 바랍니다.

갚지 못할 돈을 빌려드립니다

인간다운 생활에도
'조건'이 달리는 나라

기초생활보장 수급자

취업 강요 사망 사건

박영아 사람의 경험이 말해주는 진실을 어떻게 객관적 언어로 표현할 수 있을지 고민합니다. 인간다운 생활을 할 권리, 그리고 이주민·난민의 권리에 관한 일을 하고 있습니다.

내 이름은 다니엘 블레이크. 나는 개가 아니라 사람입니다. 그렇기에 내 권리를 요구합니다. 나는 요구합니다, 당신이 나를 존중해주기를. 나는 한 명의 시민 그 이상도, 이하도 아닙니다.[•]

2016년 칸 영화제에서 황금종려상을 받은 켄 로치 감독의 영화 「나, 다니엘 블레이크」. 목수였던 주인공 다니엘 블레이크는 심근경색으로 쓰러져 죽을 고비를 넘긴 뒤 당분간 일을 쉬라는 의사의 권유를 받습니다. 소득이 끊기면서 그는 질병수당을 신청합니다. 그러나 심사 과정에서 되레 '일할 능력이 있다'는 평가를 받습니다. 이후 영화는 온전히 한 사람의 시민으로 살던 주인공이 사회보장 급여를 신청하면서 자격 없는 민원인 취급을 받고 무위도식하려는 거짓말쟁이로 낙인찍

●   영화 「나, 다니엘 블레이크」 켄 로치(감독), 진진(국내 배급), 2016.

히는 과정을 그려나갑니다. '신청을 포기하게 만드는 게 목적'이라는 이웃 청년의 말을 증명이라도 하는 듯 심사 평가에 이의를 제기하는 과정은 그 절차부터 난관입니다.

인터넷 세대가 아닌 주인공은 온라인으로 이의 신청서를 접수하는 데 어렵사리 성공하지만, 결과가 나올 때까지 구직수당이라도 받고자 어쩔 수 없이 시작한 구직 활동에서 덜컥 채용되고 맙니다. 일을 쉬라는 의사의 권유대로 출근을 못 하겠다고 하자 수화기 너머 사장에게 욕설을 듣습니다. '구직 의사가 보이지 않는다'는 사유로 수당이 중단되는 징계도 받지요. 일을 하면 안 되는 사람에게 일할 것을 강요하는 모순적 제도 안에서 주인공은 끊임없이 생명의 위협에 노출됩니다.

꼼꼼한 고증으로 이름난 각본가 폴 래버티의 시나리오에 기반을 둔 「나, 다니엘 블레이크」는 마치 한편의 다큐멘터리를 보는 듯합니다. 그러나 켄 로치도, 폴 래버티도 알지 못했을 것입니다. 황금종려상을 수상하기 2년 전, 지구 반대편 한국에서 영화가 아닌 실화로 다니엘 블레이크와 같은 일을 겪은 사람이 있었다는 사실을.

목숨을 건 구직 활동

2014년 여름, 기초생활보장 급여를 받고 있던 분이 의식 없는 상태로 중환자실에 입원해 있다는 소식을 빈곤사회연대 김윤영 활동가로부터 전해 들었습니다. 근로능력이 있다는 판정을 받은 뒤 억지로 취업해서 일을 하다 쓰러졌다는 것이었습니다.

인간다운 생활에도 '조건'이 달리는 나라

광역버스 운전기사였던 최선생은 수년 전 건강검진에서 흉복부대동맥류 진단을 받았습니다. 흉복부대동맥류는 심장을 관통하여 복부로 향하는 대동맥의 혈관이 약해지면서 풍선처럼 부풀어 오른 상태를 말하는 것으로, 혈관이 터질 경우 사망으로 이어질 확률이 매우 높은 위험한 질병입니다. 이에 최선생은 2005년과 2008년 두차례에 걸쳐 혈관이 부풀어 오른 자리를 잘라내고 인공혈관으로 교체하는 수술을 받았습니다. 그런데 인공혈관 교체 이후에도 최선생의 건강은 회복되지 않았습니다. 계단은 물론 약간의 오르막길에도 숨이 차 육체노동은 생각조차 할 수 없었습니다. 설상가상으로 의료비가 눈덩이처럼 불어나 모아놓은 재산마저 순식간에 사라졌습니다. 생계를 유지할 길이 막막해진 최선생과 그의 가족은 결국 기초생활보장 수급자로 선정되었습니다.

수급을 유지하기 위해 정기적으로 시행한 근로능력 판정 결과는 늘 '근로능력 없음'이었습니다. 그런데 발병한 지 8년이 지난 2013년, 최선생은 느닷없이 '근로능력 있음' 판정을 통보받았습니다. 통보 직후 그동안 받아온 급여의 60퍼센트가 삭감되었습니다. 근로능력자로 판정된 사람에 대해 신고하지 않은 소득 활동, 일명 '추정소득'이 있다고 간주해 급여를 삭감하는 실무 관행에 따른 조치였습니다. 최선생은 곧이어 고용센터에서 주관하는 취업지원 프로그램에 참여하라는 안내를 받았습니다. 즉 '구직'을 조건으로 급여를 제공하겠다는 것이었지요. 최선생이 취업지원 프로그램에 참여하면서 급여는 다시 회복되었습니다.

수급자의 자활을 위한 사업은 크게 지방자치단체에서 운영하는 자활사업과 고용센터에서 운영하는 취업지원 프로그램으로 나눌 수 있습니다. 전자는 근로능력이 상대적으로 미약한 사람을 대상으로 하는 공공일자리 사업인 반면, 후자는 노동시장을 통한 취업을 목적으로 합니다. 어느 프로그램으로 연계할지는 통상 자활역량평가에 의해 정해집니다. 하지만 수원시는 당시 보건복지부가 시행한 '근로빈곤층 취업우선지원사업' 시범실시지역으로, 최선생은 자활역량평가 없이 곧장 고용센터로 인계되었습니다.[•]

고용센터의 취업지원 프로그램은 세단계로 나누어집니다. 1단계는 상담과 취업 활동 계획 수립, 2단계는 직업훈련, 그리고 3단계는 취업 알선을 주된 내용으로 합니다. 최선생은 1단계에서 바로 3단계로 건너뛰었습니다. 최선생의 건강 상태로는 2단계 직업훈련에서 시행되는 일들을 감당하기 어렵다고 판단했기 때문입니다. 자신의 체력으로 할 수 있는 일은 어차피 경비직뿐이라고 여기고 있었지요. 그러나 경비직 일자리를 찾기도 쉽지 않았습니다. 고용센터에서 알선해준 경비직은 심야에도 일해야 하는 교대 근무로 심혈관계가 약한 최선생에게 적합하지 않았습니다. 집에서 거리가 멀어 출퇴근 역시 체력적으로 부담스러운 상황이었습니다.

구직을 하지 않으면 다시 급여를 박탈당할 수 있다는 두려움에 결국 최선생은 스스로 일자리를 알아보고 집 근처 대형 아파트 단지 지하주차장의 미화원으로 취직했습니다. 주간근무였고 지하주차장 청

•　'근로빈곤층 취업우선지원사업'은 조건부 수급자를 고용센터에 우선 의뢰하도록 함으로써 노동시장을 통한 취업을 촉진하려는 내용으로, 2013년 9월 시범실시를 시작해 2014년 5월부터 전국으로 확대되었다가 이용자 회전문 현상, 중간탈락자에 대한 관리 사각지대 등 여러 문제가 제기되면서 2018년 2월 중단되었습니다.

소는 소형 차량을 활용했기 때문에 그나마 할 수 있다고 생각했던 것입니다. 그러나 최선생은 취업 3개월 만에 쓰러졌습니다. 그리고 다시 3개월 뒤 중환자실에서 숨을 거두고 맙니다. 그의 소식을 처음 접한 지 얼마 지나지 않은 때였습니다. 직접적 사인은 인공혈관 주변 감염이었습니다.

인간다운 최저생활

헌법 제34조는 모든 국민은 '인간다운 생활을 할 권리'를 가진다고 규정합니다. 헌법재판소의 판단에 따르면 우리 헌법은 인간다운 생활을 할 권리를 비롯한 여러 사회적 기본권을 폭넓게 규정함으로써 "사회정의의 이념을 헌법에 수용한 국가, (…) 정의로운 사회질서의 형성을 위하여 사회현상에 관여하고 간섭하고 분배하고 조정하는 국가이며, 궁극적으로는 국민 각자가 실제로 자유를 행사할 수 있는 실질적 조건을 마련해줄 의무가 있는 국가"를 의미하는 사회국가 원리를 수용했습니다.[•]

인간다운 생활을 할 권리를 실현하기 위해 마련된 대표적 제도가 기초생활보장 제도입니다. 국민기초생활보장법은 1997년 외환위기로 발생한 대량 실업 상황에서 빈곤은 개인이 아닌 사회구조의 문제라는 인식 확산에 힘입어 1999년 입법되었습니다. 목적과 취지는 모든 시민

의 인간다운 최저생활, 즉 기초생활을 보장하겠다는 것이었지요. 기초생활보장 제도의 도입으로 종전의 생활보호법 하에서 노인·장애인 등 노동시장에서 배제된 이들에게만 제공되었던 공공부조는 생활이 어려운 모든 국민으로 그 대상을 넓혔습니다.

그러나 실제 적용 범위와 보장 수준은 원래의 취지와 상당한 거리가 있었습니다. 까다로운 적용 요건은 기초생활보장 제도에 대한 접근성 자체를 제한했습니다. 부양의무자 기준이 대표적입니다. 부양의무자 기준은 수급 대상자가 실제로 부양을 받는지 여부는 전혀 고려하지 않고, 그저 대상자를 부양할 의무자가 있다는 사실만으로 수급 자격을 부양의무자의 소득과 재산 기준으로 판단합니다. 기초생활보장의 사각지대를 만드는 주범이라는 오명에도 불구하고 부양의무자 기준은 현재까지 그 위력을 유지하고 있습니다.

근로능력 있는 사람도 기초생활보장 제도를 적용받을 수 있지만, 이들에게 보장되는 수급권에는 '조건부'라는 꼬리표가 붙습니다. 근로능력이 있는 수급자는 자활에 필요한 사업에 참가할 것을 조건으로 하여 생계급여를 받을 수 있다는 규정이 있지요. 이에 공감과 빈곤사회연대를 비롯한 여러 시민단체는 기초생활보장의 실태와 문제점을 알리고 국민기초생활보장법을 바로 세우기 위한 연대체인 기초생활보장법바로세우기공동행동(이하 '기초법공동행동')을 결성해 활동해왔습니다.

인간다운 생활에도 '조건'이 달리는 나라

엉터리투성이 평가

최선생의 사망 후 홀로 남겨진 아내분께서는 국민연금공단에 정보 공개 청구를 했습니다. 걷는 것도 힘들어하던 최선생이 어째서 '근로 능력 있음' 판정을 받게 되었는지 알고 싶었기 때문입니다. 근로능력에 대한 판정은 기초생활보장 급여를 제공하는 수원시가 했지만, 그 근거가 된 근로능력 평가는 2012년부터 국민연금공단이 위탁받은 상태였습니다. 지방자치단체가 직접 평가할 경우 관내 주민에게 지나치게 온정적인 판단을 하는 경향이 있다고 본 정부의 정책 방향에 따른 것이었지요. 정부의 판단은 옳았던 것일까요? 국민연금공단이 근로능력 평가를 위탁받은 후 '근로능력 있음' 판정은 전에 비해 3배 이상 늘었습니다. 최선생은 국민연금공단이 근로능력 평가를 맡자마자 받은 첫번째 평가에서 '근로능력 있음' 판정을 받았습니다.

유족의 정보공개 청구에 대해 국민연금공단은 '원활하고 공정한 업무 수행에 현저한 지장을 초래할 수 있다'는 이유로 공개를 거부했습니다. 공개 거부에 대해 소송을 제기하면 상당한 시일이 걸릴 판이었지요. 다행히 사건에 관심을 보인 국회의원에게 기초법공동행동이 정부 서면질의를 제안하여 정보 자료를 전달받을 수 있었습니다. 유족에게는 그렇게나 공개하지 않던 자료를 국회의원에게는 홀랑 제공하는 행태가 한편으로 괘씸하기도 했습니다. 자료를 보니 비로소 최선생에 대한 국민연금공단의 근로능력 평가가 얼마나 엉망이었는지 알게 되었습니다.

근로능력 평가는 의학적 평가와 활동능력 평가 점수를 종합하는 방식으로 이루어집니다. 의학적 평가는 의사가 작성한 근로능력 평가용 진단서와 최근 2개월분의 진료기록을 근거로 이루어집니다. 최선생은 2013년 의학적 평가에서 가장 양호한 상태에 해당하는 1단계로 평가되었습니다. 도저히 이해할 수 없는 평가였습니다. 당시 시행 중이던 보건복지부 고시에 따르면 근로능력 평가의 의학적 기준과 그중 심혈관 질환 관련 기준은 오른쪽 표와 같습니다.

최선생을 진료해온 의사가 작성한 근로능력 평가용 진단서에는 '환자는 안정 시에는 특별한 증상이 없으나, 계단을 오르는 등의 활동 시에는 호흡곤란 증상이 발생함' 그리고 '현재 상기 증상에 대하여 항고혈압제 및 이뇨제 복용하면서 외래 경과 관찰 중임'이라고 기재되어 있었습니다. 인도주의실천의사협의회에서 활동하며 기초법공동행동과도 긴밀히 협력해온 응급의학전문의는 최선생이 받은 진단은 근로능력 평가 기준상 '치료에도 근로능력 수행에 제한이 따르는 경우'를 가리키는 3단계에 해당하며, 1단계에는 결코 해당할 수 없다는 의견을 주었습니다.

더욱 황당했던 것은 최선생이 쓰러지고 입원해 있던 2014년의 근로능력 평가였습니다. 근로능력 평가용 진단서는 2013년 때와 동일한 내용이었음에도 불구하고 의학적 평가 결과는 2단계로 변경되었습니다. 활동능력 평가에서도 대뜸 '알코올 의존성이 높다'는 결과를 내리며 최선생을 '근로능력 없음'에 해당하도록 만들었습니다. 의식 없는 상태로 중환자실에 누워 있는 사람에게 알코올 의존성이 높다니요. 사실 최선생의 아내분께서는 남편이 중환자실에 입원하여 정신없던 시기에 '최선생이 왜 일하지 않느냐며 따지는 전화를 받았다고 합니

인간다운 생활에도 '조건'이 달리는 나라

「근로능력 평가의 기준 등에 관한 규정」

「근로능력 평가의 기준 등에 관한 규정」

단계	평가기준
1단계	근로수행능력에 지장을 줄 수 있는 질병이나 장애 상태가 존재하는 경우로 치료에 잘 반응이 되는 경우
2단계	근로수행능력에 지장을 줄 수 있는 질병이나 장애가 있어 치료가 필요한 경우
3단계	근로수행능력에 지장을 줄 수 있는 질병이나 장애가 있어 치료에도 근로능력 수행에 제한이 따르는 경우
4단계	근로수행능력에 지장을 줄 수 있는 질병이나 장애가 있어 치료에도 근로능력 수행에 상당한 제한이 따르는 경우

「심혈관 질환 의학적 평가 기준」

단계	평가기준
1단계	– 심혈관 질환이 의심되는 경우 – 심혈관 질환에 대한 평가가 요구되는 경우 – 심혈관 질환으로 약물 치료를 고려중인 경우 – 고혈압이 있으나 약물로 조절이 가능한 경우
2단계	– 심혈관 질환이 진단되었으나 증상은 거의 없는 경우 – 고혈압 외의 심혈관 질환으로 지속적으로 약물 복용이 요하나, 일상 사회생활이 가능하며, 부작용이 일상생활에 영향을 미치지 않으며, 약으로 조절이 가능한 경우 – 고혈압이 있고 그로 인해 일상생활에 제한이 있는 경우
3단계	– 심혈관 질환이 치료되었으나 악화될 가능성이 있는 경우 – 심혈관 질환을 지니고 그 때문에 신체 활동이 가벼운 정도로 제한되는 환자. 안정 시에는 무증상인데, 보통 이상의 신체 활동에서 피로, 동계, 호흡곤란, 또는 협심통이 있어 운동부하 검사와 심초음파로 심장 기능 검사가 필요한 경우 – 진행성 심혈관 질환으로 판단되어, 주기적인 정밀 검사(운동부하 검사 및 심초음파 검사, 혈관 검사나 방사선 검사)가 필요한 경우 – 약물 치료 중인 질환으로 안정적 치료가 되지 않고 악화될 것으로 판단되는 경우 – 심장 이식을 받은 상태
4단계	– 심혈관 질환을 지니고 그 때문에 신체활동이 고도로 제한되는 환자, 안정 시에는 무증상인데 가벼운 일상생활의 신체 활동에서 피로, 동계, 호흡곤란, 또는 협심통이 있거나 심초음파에서 심장 기능이 40퍼센트 이하인 경우 – 심장 이식을 받은 상태이나 거부 반응이 있는 경우

다. 이후 국민연금공단 직원이 병원에 방문하고서야 사태의 심각성을 깨닫고는 뒤늦게 '근로능력 없음' 판정을 내고자 거짓 고육지책을 쓴 것이지요. 국민연금공단의 근로능력 평가가 환자의 실제 건강 상태와는 관계없이 얼마나 자의적으로 이루어질 수 있는지 보여주는 대목입니다.

'인간다운 생활을 할 권리'의 침해

평가 자료를 받아본 뒤 이 문제를 알리고 유족의 억울함을 풀어주기 위해 무엇을 할 수 있을지 논의했습니다. 여러 고려 끝에 우선 국가인권위원회에 진정을 제기하기로 결정했습니다. 2014년 10월 기자회견과 함께 국가인권위원회에 진정서를 제출했습니다. 그런데 진정서를 받은 국가인권위원회는 어쩔 줄 몰라 하며 당황했습니다. 국가인권위원회법상 헌법 제34조에 따른 '인간다운 생활을 할 권리'의 침해는 국가인권위원회의 조사 권한에서 제외되어 있습니다. 위원회의 조사 대상이 헌법 제10조부터 제22조까지의 규정에서 보장된 인권에 대한 침해와 차별 행위로 제한되어 있기 때문입니다. 그러다보니 인권위는 인간다운 생활을 할 권리를 실현하기 위한 법과 제도에 대한 지식과 경험을 축적할 기회가 거의 없었던 것이지요. 진정 자체는 생명권과 자유권 침해에 관한 것이었지만, 인권위 조사관은 수급권자에게 수급의 조건을 부과하는 것이 어떻게 생명권과 자유권 침해로 이어지게 되었는지를 파악하고 판단해야 하는 일을 버거워하는 모습이었습

인간다운 생활에도 '조건'이 달리는 나라

니다.

조사는 1년 넘게 이어졌고 그 사이 담당 인권위 조사관은 두번이나 바뀌었습니다. 조사관이 바뀔 때마다 수차례 만나며 사안에 대해 설명했지만 최종 결과는 기각이었습니다. 마지막으로 배정되었던 조사관은 공감 사무실을 찾아 유족과 직접 만나 기각 이유를 설명하는 성의를 보이기는 했지만 결과가 실망스럽기는 마찬가지였습니다. 원래 계획은 국가인권위원회의 진정 결과를 먼저 받아보고 국가배상청구 소송을 진행할지 검토해보는 것이었는데 첫발부터 엉킨 것입니다.

국가인권위원회 진정이 기각된 후 유족에게 적극적으로 소송을 제기하자는 제안을 하지 못했습니다. 인권위 진정 과정이 확인해주었듯 사안 자체가 복잡하고 생소한 데다가 피해자 본인이 사망해 중요한 진술과 입증자료를 확보할 수 없다는 문제가 있었습니다. 또한 소송 진행 과정 자체가 유족분들에게 매우 힘든 일이 될 것이었고, 만일 패소할 경우 패소한 당사자가 소송비용을 부담해야 하는 점도 고려하지 않을 수 없었습니다. 이러지도 저러지도 못하는 사이 시간은 흘러갔습니다.

그렇게 몇해가 지난 2017년 여름, 최선생의 아내분께서 제소를 원한다고 전해왔습니다. 도저히 억울해서 안 되겠다고, 소송을 꼭 제기하고 싶다고요. 의사를 굳힌 이유를 여쭈었습니다. 돌아온 대답은 故 백남기 농민 사망에 대해 서울대병원장이 유족에게 사과하는 모습을 보니 너무나 부러웠다는 것이었습니다.* 똑같이 국가에 의해 목숨을

● 2015년 11월 14일 민중총궐기 투쟁대회에서 백남기 농민은 경찰이 쏜 물대포를 맞아 쓰러졌고, 서울대학교병원 중환자실로 옮겨져 수술을 받았으나 깨어나지 못한 채 결국 2016년 9월 25일 숨을 거둡니다. 이때

잃었음에도 우리 남편에게는 아무도 사과하는 사람이 없다고요. 소중한 사람을 잃은 유족이 비슷한 처지의 또 다른 유족을 보며 부러워했다는 이야기에 가슴이 먹먹해졌습니다.

변호사들이 힘을 모았습니다. 민주사회를 위한 변호사모임의 서채완 변호사가 한번 해보자고 용기를 북돋웠고, 공감의 장서연·차혜령 변호사, 그리고 민변의 뒷방에서 조용히 일을 도모하곤 했던 '느슨한 사회권 연구모임'의 권영실·김영주·조영관·황준협 변호사와 함께 소송대리인단을 꾸렸습니다.

한국판 '나, 다니엘 블레이크 소송'을 제기한 날은 2017년 8월 28일, 국가배상청구 소송 소멸시효 만료일이었습니다.

엉터리 평가의 내막

우리는 우선 국민연금공단에 근로능력 평가를 잘못한 책임을 묻기로 했습니다. 근로능력 평가 대상자는 의사가 작성한 평가용 진단서와 최근 2개월간의 진료기록부를 제출합니다. 최선생의 주치의가 작성한 진단서는 의학적 평가 1단계로 볼 수 없는 내용이었음에도 불구하고, 국민연금공단은 최선생이 1단계에 해당한다고 평가했습니다.

국민연금공단은 법원에 제출한 답변서에서 근로능력 평가용 진단

서울대학교병원은 백남기 농민의 사망진단서에 직접사인을 '심폐정지'로, 사망 종류를 '병사'로 적어 유족과 시민사회의 거센 비판을 받았습니다. 2017년 6월 20일, 서울대학교병원은 사망 종류를 '외인사'로 수정했고 서울대학교병원장이 백남기 농민 유족에게 사과했습니다.

인간다운 생활에도 '조건'이 달리는 나라

서는 '주로 수급자의 주치의들이 발급하는 것이라 수급자의 의사가 반영되어 작성될 우려가 있다'는 이유로 진료기록부 등 '여러 자료를 종합하여 검토'하였고, 최근 2개월간의 진료기록부에는 호흡곤란에 관한 치료 기록이 없어 1단계로 평가하였다고 주장했습니다. 진단서에 호흡곤란 증상에 관한 기재가 있지만, 진료기록부에는 이에 대한 치료 기록이 없어서 진단서의 호흡곤란 기재를 고려하지 않았다는 것입니다.

그러나 국민연금공단의 판단에서 누락된 사실은 최선생의 질환이 인공혈관 교체 수술을 두차례나 받아야 할 정도로 심각했고, 그에 따라 수술 이후에도 호흡곤란이 지속되어왔다는 점입니다. 최근 2개월간의 진료기록부로 수술 이력을 알 수 없었다 해도 주치의가 작성한 진단서의 내용을 경솔하게 도외시한 점은 명백한 문제였습니다. 최선생의 수술 이력은 국민연금공단이 추가 자료를 요구하거나 주치의에게 질의하는 등 약간의 노력만 기울였어도 쉽게 확인할 수 있는 사실이었음에도, 진단서 내용을 가벼이 무시하고 최선생의 상태가 양호하다고 판단해버린 것이지요. 게다가 최선생은 활동능력 평가를 위해 가정방문을 한 국민연금공단 직원에게 수술 이력을 말해준 바 있고, 그 기록이 국민연금공단의 상담 내역에 고스란히 남아 있었습니다. 그럼에도 정작 의학적 평가에는 반영되지 않았던 것입니다.

게으른 행정은 어떻게 사람의 생명을 앗아가는가

수원시의 경우 국민연금공단에 근로능력 평가를 위탁한 지자체로서의 책임(국가배상법상 공무수탁자의 잘못은 위탁자인 지방자치단체의 책임으로 간주합니다)과 더불어 최선생에 대해 오랫동안 사례관리를 해왔고 근로능력 평가를 국민연금공단에 위탁하기 전 수년간 '근로능력 없음' 판정을 내려왔음에도, 공단의 평가에 아무런 의문을 품지 않고 그대로 '근로능력 있음' 판정을 내린 잘못이 있었습니다.

잘못된 근로능력 판정은 사실 시작에 불과했습니다. 수원시는 최선생과 가족의 최저생계를 담보로 '구직'이라는 조건을 부과함으로써 행동의 자유에 제약을 가하는 처분을 내렸습니다. 수급자 본인의 자활을 위한 것이라지만 본인의 의사를 고려하지 않고 강제하는 행동일수록 행정청의 책임 또한 커질 수밖에 없습니다. 그럼에도 수원시는 최선생에게 강요한 행동이 본인에게 정말 도움이 되고 필요한 일인지를 살피기 위한 노력을 전혀 기울이지 않았습니다.

최선생에게 근로능력이 있다는 통보를 할 때에도 수원시는 그 이유와 근거를 제시하지 않았습니다. 오히려 근로능력 평가를 한 국민연금공단 뒤에 숨었습니다. 조건을 부과할 때 본인의 의사는 물론, 건강 상태 또한 전혀 고려하지 않았습니다. 본인에게 건강 상태를 고려해서 취업해도 된다고 안내하지도 않았습니다. '근로능력 있음' 판정이 나오자마자 수급액을 삭감함으로써 압박을 가하고 무리하게 취업하도록 강제했습니다. 물론 이러한 행정 방식은 수원시만이 아닌 기초생활보장 정책 실행 전반의 문제이기는 합니다. 그러나 사망이라는 참혹한 결과가 발생한 이상 일방적이고 자의적인 행정에 그 어느 때보다 문제를 제기할 필요가 있었습니다.

소송을 준비할 때부터 대리인단에서 가장 신경을 많이 쓴 부분은 인과관계 입증이었습니다. 조건부 수급 제도, 국민연금공단의 근로능력 평가와 수원시의 근로능력 판정, 급여 삭감과 조건 부과가 상호작용하며 최선생에게 '취업할 수밖에 없는 압박'으로 작용한 과정, 그리고 그러한 압박으로 인한 무리한 취업이 직접적 사인으로 지목된 인공혈관 주변 감염에 영향을 미쳐 결국 사망으로 이어진 인과를 잘 정리해야 했지요. 설명하기도 쉽지 않았거니와, 입증 또한 산 넘어 산이었습니다.

최선생에게는 한번도 보여주지 않은 것들

조정절차를 거쳐 본격적 재판에 들어가자 수원시는 최선생이 근로능력 판정 결과에 대해 재판정 신청을 하지 않았기 때문에 책임이 없다는 주장을 피력했습니다. 일방적으로 잘못된 결정을 해놓고 상대방에게 왜 이의 제기를 하지 않았느냐며 책임을 돌리는 얼토당토않은 주장이었습니다.

특히 '근로능력 있음' 평가의 이유와 근거를 최선생에게 끝까지 밝히지 않았으면서 어떻게 재판정 신청을 하라는 것인지 의아했습니다. 행정처분을 내릴 때 문서를 통해 진행하고 처분의 근거와 이유를 반드시 적도록 하는 것은 행정절차법의 가장 기본적인 원칙입니다. 잘못된 처분에 대한 권리 구제를 보장하기 위이지요. 최소한의 설명조차 제공하지 않은 자의적 행정으로 사람이 사망하는 심각한 결과가 발생했음에도 그 책임마저 상대방에게 돌리려는 실로 무책임한 모습이었습니다.

또한 수원시와 국민연금공단은 상담 기록을 비롯하여 사건의 구체적 경과와 행정청의 조건 부과 등 최선생에 대한 여러 조치의 판단 근거를 파악할 수 있는 내부 문서의 재판부 제출을 거부했습니다. 다행히 소송을 제기하기 전에 정보공개 청구를 통해 국가인권위원회의 진정사건 조사 기록을 받아놓은 게 있었습니다. 인권위의 조사 기록에는 국민연금공단, 수원시, 고용센터 등 관계기관들이 국가인권위원회에 회신한 내용과 자료가 포함되어 있어 소송에서 증거 자료로 활용할 수 있었습니다. 모두 최선생과 유족들에게는 한번도 보여주지 않은 것들이었지요.

인과관계 입증을 위해 최선생의 진료기록에 대한 감정을 신청했습니다. 또한 근무 환경이 건강에 어떤 영향을 미쳤는지 직업환경의학과 전문의의 진단서를 받아 제출했습니다. 한국과 일본에는 실제 과로사 사례가 상대적으로 많은데 관련 연구가 부족하고, 근무 환경에 관한 연구를 많이 하는 나라에는 과로사 사례가 많지 않아 참고할 만한 자료가 소략하다는 당시 전문의의 설명이 기억에 남습니다.

진료기록을 감정해줄 병원을 찾느라 소송이 지연되던 중 법원 내 인사 이동으로 재판부가 바뀌었습니다. 우리 소송대리인단은 재판부가 바뀌고 열린 첫 기일에 총출동했습니다. 재판석 앞 소송대리인 자리가 모자라서 일부는 방청석에 앉아 변론하기도 했지요. 다소 소극적 태도였던 종전 재판장과 달리 바뀐 재판장은 다행히 더 관심을 기울이는 모습이었습니다. 재판장은 사안이 복잡하니 최종 변론은 프레젠테이션으로 하자고 제안했습니다. 물 들어올 때 노 젓자는 심정으로 다시 힘을 내어 유족분이 직접 진술할 수 있도록 본인신문을 신청하고 최종 변론도 심혈을 기울여 준비했습니다. 다른 일과 마찬가지로, 소송 또한 흐름과 때가 있습니다.

재판은 법정에서만 진행되는 것이 아니었습니다. 기초법공동행동은 인권위의 진정 기각 이후에도 최선생의 억울한 죽음과 근로능력평가의 문제점을 알리며 제도 개선을 촉구하는 활동을 꾸준히 이어나갔습니다. 소 제기 후에는 재판 기일이 열릴 때마다 수원지방법원 앞에서 기자회견을 개최하며 언론의 관심을 환기했지요. 사회적 관심을 끄는 사건은 재판부에서도 더 신경을 쓰고 신중하게 판단해줄 것이라는 기대가 있었던 것도 사실입니다.

법정 밖에서는 #나다니엘블레이크선언 SNS 인증샷 캠페인이 진행되었습니다. 509명이 동참한 이 캠페인을 탄원서와 함께 법원에 제출했습니다. 빈곤사회연대의 부탁으로 「나, 다니엘 블레이크」의 국내 배급사를 통해 연락이 닿은 켄 로치 감독과 폴 래버티 각본가 및 제작진도 캠페인에 참여했습니다. 작지만 강렬한 국제적 연대가 이루어지는 순간이었지요.

권리가 권리일 수 있으려면

1심 법원은 국민연금공단이 근로능력 평가를 잘못했고, 잘못된 평가 결과에 따라 조건부 수급자로 변경된 것이 최선생에게 취업해야 한다는 구조적 압박으로 작용하여 사망으로 이어졌음을 인정했습니다. 판결 선고를 들었을 때 다행이라는 생각부터 들었습니다. 패소했다면 유족분이 다시 받았을 상처는 상상도 하기 싫었습니다.

그러나 아쉬움이 뒤따랐습니다. 국민연금공단에 대한 위탁자로서의 손해배상 책임 외에 수원시의 별개의 위법 행위로 인한 독자적 책임은 인정되지 않았기 때문입니다. 특히 '근로능력 있음' 판정 결과를 통보하면서 그 이유를 제시하지 않은 것이 권리 구제의 실질적 기회를 보장했다고 볼 수 없음에도, 법원은 근로능력 판정 업무 특성상 의학적 평가 결과를 제시할 의무가 없다고 보았습니다. '근로능력 있음' 판정을 내리자마자 법적 근거도 없이 추정소득을 매겨 급여를 삭감한 것에 대해서도 법원은 그 위법성을 인정하면서도 '취업에 대한 구조적 압박은 앞서 근로능력 있다는 판정으로 인해 이미 받은 것이다'라는 납득하기 어려운 이유로 사망과의 인과관계를 부정하였습니다.

권리는 그 내용도 중요하지만, 내용만큼이나 중요한 것은 결정 과정에 개입하고 의견을 제시할 수 있는 절차적 권리의 보장, 그리고 잘못된 결정에 대해 이의를 제기할 수 있는 권리 구제의 기회입니다. 권리의 보장 수준은 절차적 권리에 의해 결정된다고 해도 과언이 아닙니다. 절차적 권리는 최종 판단에 어떤 사실과 의견이 반영되는지, 사실과 증거를 어떻게 평가할지에 지대한 영향을 미치기 때문입니다. 마찬가지로 권리 구제, 즉 당초 결정에 대한 재검토, 특히 사법적 심사를 요구할 수 있는 권리는 잘못된 결정을 바로잡을 수 있는 중요한 수단입니다. 반대로, 권리 행사에 까다로운 입증 부담을 지우고 권리 구제를 어렵게 하면 결국 권리가 없는 상태와 크게 다를 바가 없어집니다. 특히 취약한 사람일수록 더 빈번하게 그러한 상황에 놓이는 것

인간다운 생활에도 '조건'이 달리는 나라

을 보게 됩니다. 공감에서 일하면서 흔히 마주하는 현실입니다.

기초생활보장 수급권의 절차적 권리나 권리 구제가 제대로 보장되었는지를 판단할 때, 상대적으로 느슨한 기준을 적용하는 것은 수급권이 '권리'보다 '시혜'에 가깝다는 시각에서 기인합니다. 하지만 최저생활의 보장은 인간의 존엄성과 직결되는 문제로, 국가의 의무가 결코 가볍다고 볼 수 없습니다. 게다가 '일을 해야만 한다'라는 조건의 부과는 행동의 자유에 대한 제약을 넘어 일정한 행동의 강제를 수반합니다. 본인의 자활을 위한 것이더라도 강제력을 행사하는 이상, 그 방식과 내용이 당초 목적에 부합하는 것인지 끊임없는 점검이 필요하고 이 과정에서 당사자의 의사는 당연히 반영되어야 합니다.

최선생의 경우, 잘못된 근로능력 판정이 이루어졌다 하더라도 절차적 권리와 권리 구제가 제대로 보장되었더라면 사망이라는 비극적 결과로 이어지지 않을 수 있었습니다. 최선생의 권리를 전적으로 무시한 국가의 일방적 조치들에서 최소한의 배려는 물론, 자활을 돕고 생활을 나아지게 만들겠다는 본래 취지 역시 찾아보기 어렵습니다.

손해배상보다 중요한 것

국민연금공단은 1심 판결에 대해 항소하면서 의료소송 전문 로펌을 고용해 적극적으로 다투겠다는 의지를 보였습니다. 항소심에서 국민연금공단은 최선생에게 취업하기 전부터 감기 증상이 있었다는 진료기록을 근거로 들어 직접적 사망 원인인 인공혈관 주변 감염이 이미 존재하던 증상이었을 가능성이 다분하고, 따라서 감염 원인을 파악하기 위해 감정을 다시 해야 한다고 주장했습니다.

감염 경로와 시기를 확인하기 어려울 것이라는 점을 파고든 것입니다. 그러나 이는 우리가 1심에서 변론 방향을 정할 때 이미 고려했던 사항입니다. 우리 변론의 초점은 처음부터 무리한 취업으로 인한 과로와 면역력 저하가 감염 이후 경과에도 영향을 미쳐 사망에 이르게 했다는 데 있었습니다. 항소심 결과 역시 기각이었습니다. 피고들이 상고하지 않아 판결은 그대로 확정되었습니다.

판결이 확정되고 얼마 뒤 유족으로부터 연락이 왔습니다. 국민연금공단 담당 국장이 직원과 함께 집으로 찾아와 사과하고 갔다는 이야기를 전해주셨습니다. 얼마 되지도 않은 손해배상액보다 훨씬 큰 위로를 받으신 것 같았습니다. 판결 이후 근로능력 평가 관련 지침이 바뀌어 기준이 다소 완화되는 등의 변화도 일부 있었습니다. 그러나 법률에 규정된 조건 부과 제도 자체의 근본적 변화를 이끌어내는 데에는 이르지 못해 두고두고 아쉬움이 남습니다.

빈곤과 증명이라는 수렁

저는 최선생을 한번도 만나 뵙지 못했습니다. 그러나 사건을 지원하며 접하게 된 최선생에 관한 여러 증언과 자료를 보면서 받은 인상은 성실하고 점잖으면서 멋진 분이었다는 것입니다. 젊었을 때 자동차경주 선수 경력도 있었고 광역버스 운전기사로 일한 것도 그 경력

인간다운 생활에도 '조건'이 달리는 나라

을 바탕으로 한 것 같았습니다. 그러고 보니 마지막 직장의 주된 업무도 소형 청소 차량 운행이었습니다.

국가는 최선생에게 '당신은 건강하니 취업해야 한다'고 강요했고, 최선생은 자신의 몸 상태가 그렇지 않다고 느꼈지만 어디에도 호소하지 못했습니다. 결국 국가를 믿고 하라는 대로 취업하고 일하다 사망에 이르게 되었습니다. 이처럼 폭력적 정책과 행정의 근저에는 기초생활보장 수급자들이 '일을 하기 싫어서' 공공부조를 받는다는 인식이 깔려 있습니다. 최선생에 대한 근로능력 판정 당시 수원시에서 시범실시 중이던 근로빈곤층 취업우선지원사업도 '조건부 수급자들이 자활사업에 안주하는 경향이 여전하다'는 인식에 터 잡은 것이었습니다. 이번 소송 재판부가 판결문에서 언급했던 대로, 최저생계를 담보로 본인의 의사를 건너뛰어 자활하도록 '구조적 압박'을 가하는 것입니다. 그러면서도 정작 그 결과에 대해 책임지지 않습니다. 물론 궁극적으로 그 누구도 내 인생을 대신 책임져줄 수 없습니다. 그러나 거꾸로 말하면 이는 '본인의 의사와 무관한 자활'이란 처음부터 성립할 수 없음을 의미합니다.

수급자들이 탈수급을 두려워하는 것은 일을 하기 싫어서가 아닙니다. 탈수급을 하더라도 빈곤을 벗어나지 못할 것이라는 불안감 때문입니다. 빈곤층이 접근 가능한 일자리를 생각하면 그러한 두려움은 합리적이고 타당해 보입니다. 최선생에 대한 취업 강요의 정책적 근거였던 근로빈곤층 취업우선지원사업에서 '근로빈곤층'이란 본디 최대 시간 동안 일을 해도 가난에서 벗어나지 못하는 계층을 가리킵니다. 근로빈곤층이 발생하는 원인으로 지목되는 것은 노동시장 변화에 따른 불안정한 일자리의 양산입니다. 도심에서 살면서도 고립된 채 탈출구를 찾지 못하여 스스로 생을 마감한 '송파 세 모녀'는 식당 일을 하던 모친의 부상으로 소득이 끊기면서 급격하게 벼랑으로 내몰렸습니다. 여러 제도 변화에도 불구하고 빈곤한 이들의 죽음은 끊이지 않았습니다. 불안정한 일자리에서 저임금 노동에 종사하는 이들의 추락을 현재의 사회보장 제도가 제때 따라잡지 못하는 것입니다. 기초생활보장 제도만 해도 이미 개인의 모든 경제적 자원과 환경을 소진한 상태가 되어서야 수급자가 될 수 있으니 그만큼 탈수급이 어려워지고 또한 두려워지는 것입니다.

사회보장 제도는 실직·상병·노령 등 사회 구성원 누구에게나 닥칠 수 있는 위험에 공동으로 대처하기 위한 방책입니다. 이러한 제도의 토대이자 필요조건은 사회구성원 간의 상호 신뢰와 연대입니다. 기초생활보장 제도는 사회보장 제도임과 동시에 인간다운 생활의 기초선을 지켜줌으로써 소득 재분배와 사회정의를 밑에서부터 떠받치는 역할을 합니다.

그럼에도 기초생활보장 수급자만 유독 겹겹의 편견 사이에서 자신의 빈곤을 증명해야 하는 과제를 수행합니다. 가장 취약한 사람 앞에서 멈춰선 연대를 진정한 연대라고 할 수 있을까요? 빈곤은 다각도의 사회적 위험이 겹치고 모여 발현되는 증상 중 하나입니다. 지금 빈곤하지 않다고 해서 나와 무관한 문제일 수는 없습니다. 사회보장을 받는 사람 따로 있고 제공하는 사람 따로 있다는 착각에서 벗어나는 것이야말로 인간다운 생활을 할 권리가 '권리'로서 인정받는 첫걸음이 아닐까 생각해봅니다.

　　　　　　　인간다운 생활에도 '조건'이 달리는 나라

나는 왜
'노동자'일 수 없는 것입니까

사회복무요원 노동조합 설립신고

반려 처분 사건

강은희 │ 일을 해야만 하는 슬픔과 일을 하는 기쁨, 그 어느 쪽도 너무 무겁지 않기를 바랍니다.

변호사 일을 처음 시작할 때 한 선배 변호사는 제게 '사건은 그 나름의 생명이 있다'고 이야기했습니다. 변호사라면 처음부터 사건이 어떻게 진행될지 법대로 하면 무엇이 정답인지 안다고 생각하실 수도 있지만, 사실 사건을 한참 진행한 뒤에야 비로소 사건의 실체를 알게 되는 경우도 많습니다. 그 실체를 마주하기 위해 따라가는 예측할 수 없이 굽이굽이 휘어진 실마리를 '생명'이라고 부르는 것 같습니다.

저는 아직 그 생명이 끝나지 않은 사건의 이야기를 쓰고자 합니다. 어쩌면 패소로 끝나버릴지도 모르는 사건입니다. 그래서 이 글은 저에게는 다시 돌아보지 못할 글이 될 수도, 이겨야 할 사건을 져버린 저의 부족함을 그대로 마주하는 글이 될 수도 있습니다. 그래도 저는 부족했을지언정 그들이 틀렸다고 생각하지 않기에 아직은 끝나지 않은 사건의 이야기를 남기고자 합니다. 이 사건이 저를 설득하였듯 이 글이 당신을 설득하길 바라면서.

3년 전, '사회복무요원 노동조합'이 공감에 법률 지원을 요청했습니다. 공공기관, 사회복지시설 등에서 병역 의무를 이행하는 사회복무요원들에게도 노동조합이 있다고 하니 솔직히 의아했습니다. '병역 의무의 이행'이 노동에 해당할 수 있을까? 아니나 다를까 법률 지원 요청의 내용은 노동조합 설립신고 반려 처분 취소 소송을 대리해달라는 것이었습니다. 그러면 그렇지, 사회복무요원들의 노동조합이라니. 고용노동부에서 쉬이 넘어갈 리 없는 일이었습니다.

그런데 의문과 함께 설렘도 찾아왔습니다. 사회복무요원도 결국은 복무기관에서 '일'하는 사람들인데, 사회복무요원이라고 노동자가 아닐 이유는 또 무엇일까요?

거부할 수는 없지만, 반려할 수는 있다는 모순

사회복무요원 노동조합의 설립신고를 받은 고용노동부 의정부지청은 이를 반려하는 처분서에 '병역 의무를 수행하는 사람으로서 민간인과 다른 특별한 지위를 가지며, 사회복무요원의 직무상 행위는 공무수행으로 보고, 공무원에 준하는 공적 지위를 가지므로 근로자*라고 보기 어려워 동 신고서 일체를 반려'한다고 적었습니다.

'반려'라는 단어가 생소한 분들도 있을 겁니다. 표준국어대사전에 따르면 반려는 '윗사람이나 상급 기관에 제출한 문서를 처리하지 않고

● 이 글에서는 '일하는 사람'을 뜻하는 일반적인 의미의 용어로는 '노동자'를, 법률용어로는 '근로자'를 사용합니다.

되돌려줌'을 뜻합니다. 일종의 거부 아닌 것 같은 거부입니다.

국민의 행위 중 원칙적으로 금지되어 있지만 행정관청의 판단 아래 허가할 수 있는 행위들이 있습니다. 가령 특정 면적 이상의 건물을 건축하는 것은 금지되어 있지만 행정관청의 건축 허가를 받으면 건축할 수 있습니다. 이러한 '허가제'는 원칙적으로 금지된 행위를 행정관청이 허가해줄 수 있는 것이므로 행정관청은 허가를 거부하는 '거부' 처분을 할 권한도 가집니다.

그에 반해 원칙적으로 금지되지 않은 또는 금지할 수 없는 행위이지만 행정적 필요에 의해 '신고'를 하도록 하는 행위들이 있습니다. 이 경우 행정관청은 신고를 거부할 권한이 없습니다. 그럼에도 신고 내용에 하자가 있는 경우 보완을 요구하며 신고의 수리를 거부합니다. 이때 원칙적으로 신고를 거부할 권한은 없으므로 신고를 접수하지 않고 돌려준다는 의미의 '반려' 처분을 합니다. 이처럼 원칙적으로 거부할 수 없는 행위에 대한 실질적 거부를 반려 처분이라고 부릅니다.

헌법 제21조 제1항은 누구나 자유로이 단체를 결성할 결사의 자유를 명시합니다. 제21조 제2항은 결사에 대해 허가제를 인정하지 않습니다. 노동자의 노동조합을 결성할 권리, 즉 단결권은 노동자를 위한 결사의 자유의 특별규정으로 역시나 허가제를 적용하지 않도록 되어 있습니다. 그러니 누구나 자유롭게 행정관청의 간섭 없이 노동조합을 만들 수 있어야 합니다. 반대로 국가는 노동자의 단결권을 침해해서는 안 됩니다.

그런데 노동조합법은 다음 5가지 경우에 행정관청이 노동조합 설립신고서를 반려할 수 있게 했습니다.

① 사용자 또는 그 이익을 대표하는 자의 가입을 허용하는 경우

② 경비를 주로 사용자로부터 받는 경우

③ 오직 복리사업만을 목적으로 하는 경우

④ 근로자가 아닌 자의 가입을 허용하는 경우

⑤ 주로 정치운동을 목적으로 하는 경우

　노동조합의 설립은 허가제로 운영할 수 없다고 헌법에서 규정하고 있지만 실제 노동조합법은 행정관청의 노동조합 설립에 대한 심사 가능성을 열어두고 있어 위헌 소지가 있는 것입니다.* 실제로 실업자의 노동조합 가입을 허용했다는 이유로 서울여성노동조합의 설립신고를 거부한 서울시, 미등록 이주노동자의 노동조합 가입을 허용했다는 이유로 서울경기인천이주노동자노동조합의 설립신고를 거부한 고용노동부의 각 결정은 모두 '근로자가 아닌 자의 가입을 허용하는 경우'를 행정관청이 확대해석한 것으로, 법원에 의하여 취소된 바 있습니다.

　거부할 수 없는 노동조합 설립을 사실상 거부할 수 있게 한 모순적 제도가 '반려' 처분인 것이지요. 이번에도 고용노동부는 사회복무요원이 공무원처럼 공무를 수행하는 만큼 공무원에 준하는 사람들이므로 노동자가 아니며, 사회복무요원 노동조합은 노동자가 아닌 사회복무요원의 가입을 허용하고 있다는 이유로 노동조합이 아니라 봤습니다.

● 　노동조합을 설립할 때 행정관청에 설립신고서를 제출하게 하고 그 요건을 충족하지 못하는 경우 설립신고서를 반려하도록 하고 있는 노동조합법 제12조 제3항은 실제로 헌법소원의 대상이 되기도 했습니다(헌법재판소 2012. 3. 29.자 2011헌바53 전원합의체 결정).

그런데 정작 공무원들을 위한 전국공무원노동조합이, 교사들을 위한 전국교직원노동조합이 합법적으로 설립되어 있음은 누구나 다 아는 사실입니다. 공무를 수행하는 공무원과 공무원처럼 공무를 수행하는 준공무원 모두 노동자로서, 공무원은 공무원노동조합법에, 준공무원은 노동조합법에 의거해 노동조합을 결성할 수 있습니다. 다시 말해, 공무를 수행한다고 해서 노동자에 해당하지 않는다고 본 고용노동부의 판단에 문제가 있는 것입니다.

기본권을 침해하고 국제법을 위반하는 제도

당시 사회복무요원 노동조합 위원장인 주학(가명)씨를 공감 사무실에서 만났습니다. 노동조합 조직화와 사회복무제도 문제의 공론화를 도와줄 공익단체 직장갑질119도 자리에 함께했습니다. 주학씨는 노동조합을 만든 실행력의 소유자로는 의외라는 생각이 들게 할 만큼 차분하고 조용한 사람이었습니다. 그는 잔잔한 어조와 대비되는 놀라운 이야기를 들려주었습니다.

평소에도 노동 문제에 관심이 많았던 그는 사회복무요원으로 소집되자 당사자로서 사회복무제도 자체에 대한 문제를 제기할 기회라고 여겼습니다. 국민의 기본권을 침해하고 국제법을 위반하는 제도라는 생각이었지요. 그는 이미 사회복무제도가 사회복무요원의 신체의 자유, 직업선택의 자유 등 기본권을 과도하게 제한하여 헌법에 위반된다는 취지의 헌법소원을 제기하기도 했었습니다.

유엔의 노동 전문 기구인 국제노동기구 ILO, International Labour Organization 는 총 191개의 협약 중 10개의 협약을 '기본협약'으로 분류합니다. 사회복무제도는 10개의 기본협약 중 하나인 제29호 강제 또는 의무 노동에 관한 협약을 위반할 가능성이 있습니다. 제29호 협약은 정부 비준과 국회 동의를 거쳐 2022년부터 국내법적 효력을 지니고 있었습니다.

제29호 협약은 처벌의 위협하에서 강요받았거나 자발적으로 제공하지 않은 모든 노동이나 서비스를 강제 또는 의무 노동으로 정의하고 금지합니다. 병역법은 사회복무요원이 소집통지서를 받고도 소집에 응하지 않을 경우 3년 이하의 징역으로 처벌할 수 있도록 규정합니다. 8일 이상 복무하지 않은 경우에도 처벌받을 수 있고, 지각·무단조퇴·근무지이탈 등과 같은 근무 태만도 반복되면 처벌받을 수 있습니다. 따라서 사회복무요원은 병역법에 규정된 처벌의 위협하에서 비자발적으로 노동 또는 서비스를 제공하므로 제29호 협약이 금지하는 강제 또는 의무 노동의 경우에 해당합니다.

제29호 협약의 예외에 해당한다고 보기도 어렵습니다. 협약은 '전적으로 군사적 성격의 작업에 대해서 의무병역법에 따라 강요되는 노동 또는 서비스'는 협약이 금지하는 강제 또는 의무 노동에서 제외합니다. 하지만 사회복무요원이 수행하는 행정 및 사회복지시설 지원 업무는 '전적으로 군사적 성격의 작업'이 결코 아닙니다. 그러니까 여러모로 사회복무제도는 국제법인 제29호 협약 위반으로 보입니다. 실제로 대한민국 정부는 2007년 이미 국제노동기구 사무국에 사회복무제도의 전신인 공익근무제도에 제29호 협약을 위반할 여지가 있는지 질의한 바 있습니다. 국제노동기구 사무국은 공익근무가 전적으로 군

나는 왜 '노동자'일 수 없는 것입니까

사적 성격의 노동으로 보기 어려워 제29호 협약의 적용 제외에 해당하지 않는다고 답변했습니다.

주학씨는 사회복무제도가 제29호 협약이 금지하는 강제 또는 의무 노동에 해당한다는 이유로 국제노동기구와 직접 소통할 생각이었습니다. 국제노동기구에 진정을 제기하려면 사회복무요원의 산업단체가 필요해 노동조합을 설립하기로 한 것이었고요. 그런데 고용노동부가 설립신고를 반려한 것입니다. 이미 노동조합 가입서를 제출한 사회복무요원만 8명, 노동조합이 운영하는 익명 대화방에 100명 가까이 참여하고 있는 가운데 맞닥뜨린 예기치 못한 상황이었습니다.

노동조합법상의 '근로자'

사건을 함께 준비해왔던 선배 변호사는 주학씨를 만난 뒤 저에게 이 사건은 제가 이끌어 갈 것을 제안했습니다. 제가 직접 원고와 소통하는 첫번째 사건이었습니다.

'국방의 의무와 단결권은 같이 존재할 수 있을까? 사회복무요원의 노동도 생계 유지가 주된 목적인 노동으로 볼 수 있을까?' 등의 의문을 가졌지만, 일단 1심에서는 '사회복무요원은 노동조합법상 근로자에는 해당하니 의정부지청의 처분은 잘못되었다'고 주장했습니다.

노동조합법은 근로자를 '직업의 종류를 불문하고 임금·급료 기타 이에 준하는 수입에 의하여 생활하는 자'라고 정의합니다. 정의 규정에 임금 외에 '기타 이에 준하는 수입'이 포함됨으로써 노동조합법상 근로자의 개념은 '직업의 종류와 관계없이 임금을 목적으로 사업이나 사업장에 근로를 제공하는 사람'인 근로기준법상 근로자보다 넓은 것을 알 수 있습니다. 또 '이에 의하여 생활하는 자'는 임금·급료 기타 이에 준하는 수입에 의존해 생활하고 있는 경우를 포함합니다. 구체적으로 대법원은 노동조합법을 적용받는 근로자의 지표로 다음 6가지를 제시합니다(이 지표들을 모두 조건으로 갖춰야 할 필요는 없습니다).

① 소득이 특정 사업자에게 주로 의존하고 있는지
② 노무를 제공받는 특정 사업자가 보수를 비롯하여 계약 내용을 일방적으로 결정하는지
③ 노무 제공자가 특정 사업자의 사업 수행에 필수적인 노무를 제공함으로써 특정 사업자의 사업을 통해서 시장에 접근하는지
④ 노무 제공자와 특정 사업자의 법률관계가 상당한 정도로 지속적·전속적인지
⑤ 사용자와 노무 제공자 사이에 어느 정도 지휘·감독 관계가 존재하는지
⑥ 노무 제공자가 특정 사업자로부터 받는 임금·급료 등 수입이 노무 제공의 대가인지

사회복무요원은 병역 의무를 이행하여 받은 복무기관의 보수에 의존하여 생활한다는 점에서 노동조합법의 정의에 부합합니다. 법령과 복무기관에 의해 근무 조건이 일방적으로 결정되며, 복무 기간 동안 지속적·전속적으로 근무하면서 복무기관의 지시를 받고, 보수가 근무일수에 비례해서 지급되므로 보수를 노무 제공의 대가로 볼 수 있

　　　　　　　　나는 왜 '노동자'일 수 없는 것입니까

습니다.

무엇보다 대법원은 '노동조합법은 개별적 근로 관계를 규율하기 위해 제정된 근로기준법과 달리, 헌법에 의한 근로자의 노동3권[*] 보장을 통해 근로 조건의 유지·개선과 근로자의 경제적·사회적 지위 향상 등을 목적으로 제정'됐으므로 노동조합법의 취지를 고려해 노동조합법상 근로자에 해당하는지는 노무 제공 관계의 실질에 비추어 노동3권을 보장할 필요성이 있는지가 주요 기준이라고 강조합니다. 즉, 노동조합법상 근로자에 해당하는지는 계약이나 문서를 떠나 실제로 노무를 제공하는 관계인지 그리고 노동권을 보장할 필요성이 있는지의 관점에서 판단해야 하는 것이지요.

그래서 대법원은 근로 계약을 맺은 근로자보다는 개인사업자에 가까운 코레일 철도 매점 운영자, 한 회사와 계속적·정기적 관계를 맺는다고 보기 어려운 방송 연기자의 경우 모두 경제적 약자의 지위에서 집단적으로 단결함으로써 비로소 대등한 위치에서 노동 조건을 교섭할 수 있으므로 노동조합법상 근로자성을 인정한 바 있습니다. 실업자나 구직 중인 자도 '노동3권을 보장할 필요성이 있는 한' 노동조합법을 적용받는다고 보기도 했습니다. 사회복무요원의 노동권 보장 필요성에 대해서도 할 말이 참 많습니다.

● 헌법 제33조는 '근로자는 근로조건의 향상을 위하여 자주적인 단결권, 단체교섭권, 단체행동권을 가진다'고 규정하고 있습니다. 즉, 노동3권은 근로자가 근로조건의 향상을 위하여 자주적으로 노동조합이나 그 밖의 단결체를 조직, 가입하거나 그 단결체를 운영할 권리인 단결권, 단체로 교섭을 할 수 있는 권리인 단체교섭권, 근로자가 근로조건 등에 관한 요구를 관철할 목적으로 사용자에 대하여 근로자들의 결합체인 근로자단체를 통하여 쟁의행위 등 집단적 행동을 할 수 있는 권리인 단체행동권을 말합니다.

국가의 '공짜 인력 파견 사업'

사회복무요원은 병역 판정 신체검사에서 4급 판정을 받아 보충역으로 편입된 사람들입니다. 이는 곧 현역병으로 복무가 어려운 신체적·정신적 사유가 존재함을 의미하지요. 허리 디스크, 류머티즘 관절염, 무릎 등 관절·인대의 질병, 우울·불안 등 정신질환, 심각한 저체중, 경과를 지켜보거나 정기적인 통원 치료가 필요한 각종 선천적·후천적 질환 등의 존재가 확인돼야 4급 판정을 받습니다. 현역병 복무뿐 아니라 일상생활을 영위하거나 일반 업무를 수행하기도 어렵습니다. 그럼에도 병무청은 이들을 소집하여 사회복지시설과 공공기관에 인력으로 보냅니다. 병역 의무의 부과라는 점만 떼놓고 본다면 사기업 간의 근로자 파견 관계와 유사합니다.

국가는 사회복무요원을 현역으로 복무시키기에는 비효율적이고 면제하기에는 아까운 몸들이라고 여깁니다. 사회복무제도는 "예외 없는 병역의 이행"과 "병역 의무의 형평성 제고"를 위해 고안된 제도로, 정부는 이를 통해 "청년 인력 활용의 효율성"을 높이고 "공급 부족한 사회서비스 일자리" 그중에서도 "공급이 어려운 분야에 우선 투입"할 것을 계획했습니다. 국가에 주어진 '공짜' 인력을 '효율적으로' 사용함으로써 "사회복지서비스 체계를 보완"하고 "선진 복지국가를 실현"할 수 있을 것이라 꿈꿨습니다.[•] 즉 사회복무제도는 사회복지서비스 분

• 　재정경제부 등 「비전 2030 인적자원 활용 『2+5』 전략 – 국가인적자원의 효율적 활용을 위한 병역제도 개선 방안: 군 복무 및 사회복무제도」, 2007.

나는 왜 '노동자'일 수 없는 것입니까

야의 노동자를 저렴하게 대체하기 위한 국가의 '인력 파견 사업'이었던 것이지요.

부족한 사회복지 분야 노동력 문제를 손쉽게 해결하고자 한 국가, 그리고 국가 덕에 이직도 퇴사도 불가능한 저렴한 인력을 공급받게 된 복무기관 사이에서 사회복무요원은 절대적인 을입니다. 심지어 근로기준법도 산업안전보건법도 적용받지 못하기에 사회복무요원은 괴롭힘과 산업재해 위험으로부터도 보호받지 못합니다.

출구 없는 괴롭힘

2016년 한 사회복무요원의 자살 소식이 보도되었습니다.[•] 그는 중등도 우울장애를 앓고 있었지만 민원업무를 담당했고, 민원인의 폭언에 그대로 노출되었습니다. 힘들어하던 그에게 복무기관은 오히려 '무단이탈 시 연장복무 및 고발 조치할 것'이란 내용의 성실복무서약서를 작성하게 했습니다. 2020년에는 사회복무요원을 회식 자리로 불러낸 공무원이 '대가리 박아'라고 소리치며 사회복무요원들에게 엎드려뻗쳐를 시키고, 종업원들이 보는 앞에서 목을 조르며 뺨을 때린 사건이 보도된 바 있습니다.[••] 사회복무요원 노동조합에 따르면 매년 약 10명의 사회복무요원이 자살합니다.

사회복무요원의 열악한 현실은 실태조사에서도 그대로 드러납니

- 　현지용 「[탐사기획①] 서초1동 사회복무요원 사망사건의 진실」 『시사주간』 2020. 4. 20.
- •　정대희 「공무원이 사회복무요원들 뺨 때리고 주먹질」 『오마이뉴스』 2020. 9. 29.

다. 사회복무요원의 64퍼센트가 복무 중 괴롭힘을 경험했습니다. 부당 업무 지시 경험 49퍼센트, 폭행·폭언 경험 44퍼센트, 따돌림·차별 경험 31퍼센트 등 그 양상도 다양합니다. 괴롭힘을 당한 요원 4명 중 1명은 자해 등 극단적 선택을 고민했습니다.

괴롭힘에 시달린 사회복무요원은 도움을 청하기도 어렵습니다. 괴롭힘을 이유로 복무기관 재지정을 신청했다고 응답한 사회복무요원 중 실제 재지정이 이루어진 경우는 10명 중 3명에도 못 미쳤습니다. 복무기관의 장과 직원들이 괴롭힘 행위자인데, 재지정 신청은 복무기관의 장을 통해 지방병무청장에게 전달되어야 하니 신청 절차가 정상적으로 진행되기 어려울 수밖에 없지요. 오히려 5명 중 1명은 복무기관으로부터 복무 중 경고장 발급 또는 연장 복무를 하게 만들 것이라는 협박을 듣습니다.[*]

사회복무요원 노동조합에는 인격모독과 폭언, 폭행, 병가 또는 연가 승인 거부, 근무 태만으로 신고할 것이라는 협박, 사회복무요원에 대한 형사 처벌 대상인 개인정보 취급 업무의 강요, 기관장 차량 세차와 개인적인 심부름 같은 각종 부당 지시, 허리 디스크나 어깨 탈골 등 기존 질병을 악화시키는 업무의 반복 지시와 그로 인한 질병의 악화, 얼마 되지 않는 임금으로 인한 생활고에 그 얼마 되지 않는 임금의 미지급까지 정말 수도 없는 인권침해 사례들이 제보됩니다.

헌법이 노동조합을 조직할 권리, 즉 단결권을 보장해주는 이유는 법의 보호 없는 노동자가 힘을 합쳐 권익을 주장하는 일조차 어렵다

[*]　사회복무요원 노동조합·공익인권법재단 공감·직장갑질119 「사회복무요원 복무환경 실태조사 발표회 자료집」 2023.

사회복무요원들의 복무 중 괴롭힘 유형별 경험 응답 비율

괴롭힘 유형	경험 응답 비율(%)
부당 업무 지시: 사적용무 지시, 업무 전가, 초과근무 강요, 위험업무 요구 등	48.9
폭행·폭언: 폭행, 폭언, 협박, 태움, 반말('야', '공익') 등	44.0
모욕·성폭력·명예훼손: 모욕, 비하, 무시, 신체접촉, 외모평가, 헛소문 등	33.7
따돌림·차별: 따돌림, 차별, 휴대폰 사용 금지, 배제, 차단, 허드렛일 등	31.1
부당 대우: 잘못한 것이 없음에도 부당한 질책, 경고장 발급 및 연장 복무 빌미로 협박, 연차 및 병가 불허, CCTV 감시 등	30.6
5개 항목 중 하나라도 경험	64.0

는 지극히 현실적인 고려에서 기인했습니다. 가깝게는 복무기관이, 배후에는 국가가 버티고 선 절대적 상하관계 앞에서 사회복무요원들 역시 노동조합법의 보호 없이는 복무 환경 개선은커녕 부당 행위에 대한 목소리를 내기조차 어려운 것입니다.

1심, 새로운 물음표

사회복무제도는 애초에 사회복지 분야의 부족한 노동력을 보충하려는 목적을 품고 있습니다. 사회복무요원의 병역 의무 내용은 '복무기관에 대한 노동력의 제공'이고 사회복무요원은 실제 복무기관의 노동자처럼 복무합니다. 그러니 사회복무요원이 노동조합법의 근로자 정의와 대법원의 노동3권 보장 필요 기준을 충족하는 것은 어쩌면 당

연한 일입니다.

저는 1심 재판부에 이 사건은 보기보다 어렵지 않다고, 사실은 간단한 문제라고 이야기했습니다. 노동조합법의 정의대로, 대법원이 제시한 기준대로 하라고요. 심지어 병역 의무 중인데 근로 계약을 맺고 노동조합을 만들 수 있는 산업기능요원과 전문연구요원들도 있으니 사회복무요원도 동일한 선상에서 판단해달라고 했습니다.

그런데 내심 국방의 '의무'와 노동자로서의 '권리'는 함께 존재할 수 있는 것일지에 대한 의문은 있었습니다. 피고가 저의 고민을 들추지는 않았습니다. 피고인 고용노동부 의정부지청 측의 주장은 사회복무요원이 공무를 수행하므로 노무 제공 계약이라고 부를만한 것이 존재하지 않고, 법령에 근무 조건이 정해져 있으므로 단체교섭의 필요성이 적다는 방론에 머물렀습니다. 이 주장에 대한 반박은 어렵지 않았습니다. 공무원도 정부와 노무 제공 계약이 아닌 정부의 임명 행위를 거친 공법상의 관계에서 노무를 제공하고 법령에 의해 근무 조건이 정해집니다. 그런데 공무원은 노동조합을 만들 수 있습니다. 피고가 저의 고민을 들추지 않으니 저 또한 제 고민을 재판부에 펼쳐놓지 않았습니다. 원고에게 유리하지 않은 이야기를 변호사가 먼저 꺼낼 필요는 없으니까요.

이렇게 변론이 종결된 뒤 마침내 선고일, 저는 법원까지 한달음에 달려갔습니다. 사건 결과는 선고 이후 한두시간 안에 인터넷으로도 확인할 수 있지만 기다릴 수 없었습니다. 떨리는 손을 붙잡으며 선고 결과를 기다렸습니다.

"주문, 원고의 청구를 기각한다."

나는 왜 '노동자'일 수 없는 것입니까

선고 후 올라온 1심 판결문은 피고의 주장을 그대로 담았습니다. '사회복무요원은 병역법에 따라 소집되어 병역 의무를 이행하는 것에 불과할 뿐 자신이 복무하는 국가기관, 지방자치단체, 공공단체, 사회 복지시설 등과 임금을 목적으로 하는 근로 계약 등을 체결한 것이 아니'라며 '사회복무요원을 노동조합법상 근로자라고 볼 수 없어 노동청의 반려 처분은 적법하다'고 했지요.

고용노동부의 주장이 노동조합법에 관한 법리에 부합한다고 보기는 어려웠지만 어쨌거나 설득은 원고의 몫이었고, 재판부는 피고의 손을 그대로 들어줬습니다. 소송에서는 의문을 남겨두면 반드시 화가 되어 돌아오는 것 같습니다. 사건에 대해 제가 가진 의문을 재판부는 더 크게 느낄 것이기 때문입니다. 그렇게 1심은 새로운 질문을 남기며 끝났습니다.

노동조합이 없어진다면

1심이 진행되는 동안 노동조합은 사회복무요원을 위한 든든한 버팀목으로 자랐습니다. 조합원 수도 40여 명으로 늘었습니다. 결성된 첫 해 사회복무제도에 대한 실태조사를 진행하고 '복무기관 내 괴롭힘' 문제를 세상에 알렸습니다. 이 노력 끝에 2023년 10월 병역법에 복무기관 내 괴롭힘 금지 규정이 신설되었습니다. 노동조합이 아니라면 그 누가 대신 해주지도 않던, 대신 해줄 수도 없던 일입니다.

조합은 사회복무요원들이 겪는 생활고 문제를 알리고 풀빵나눔 석

식비와 녹색병원·세이프닥 의료비 지원 사업도 시작했습니다. 동료 사회복무요원들의 고충과 인권침해 사례에 대한 긴급제보센터도 운영합니다. 처음에 목표한 것처럼 국제노동기구에 한국 사회복무제도의 문제점을 제기하였고, 이는 국제노동기구의 대정부 질의에 포함되었습니다. 노동조합은 사회복무요원들을 위해 너무나도 많은 일을 하고 있었지만, 1심 판결로 없어질 위기에 놓이게 되었습니다.

떨리는 마음으로 항소심 첫 기일에 들어갔습니다. 2심 재판은 1심 재판부가 충분히 사건을 검토하였다고 여겨질 경우, 첫 기일에 바로 끝날 수도 있습니다. 세명의 판사 중 중앙에 있던 재판장이 입을 열었습니다. 이 사건에 대한 재판부의 심증을 엿볼 수 있는 중요한 순간이었습니다. 재판장은 질문이 몇가지 있으니 답변해달라 했습니다. 그러고는 아직 이 사건에 대해 정해진 결론이 없으니 할 수 있는 것을 다 해보라고 했습니다. 운이 좋았습니다.

일은 똑같아도, 권리는 하늘땅 차이

마음을 다잡고 항소심을 준비했습니다. 공감에 새로 합류한 동료 천지선 변호사와 함께 두가지 전환점을 마련해보았습니다.

먼저 사회복무요원의 현실을 당사자들의 생생한 목소리로 전달하기 위해 조합원들의 진술서를 받았습니다. 그 목소리는 일관됐습니다. 사회복무요원이 하는 일은 실상 상사로부터 지시를 받아 일하는 다른 노동자와 다를 게 없다고, 그런데 나라의 법도 노동조합의 단체

나는 왜 '노동자'일 수 없는 것입니까

협약도 보호해주지 못하니 사회복무요원의 열악한 현실과 권익을 대변해줄 곳이 전무하다고요.

지하철역에서 일하는 사회복무요원은 3교대로 일합니다. 근무지 역사의 역무원과 교대 근무를 합니다. 민원 응대, 교통약자 안내, 영업 개시 및 마감, 단전 시 지원, 시설 고장 시 초동 대처 등 역사 업무 전반에 관여합니다. 이외에도 CCTV 감시, 역사 및 승강장 설비 점검, 시각장애인 안내 및 휠체어 서비스, 타 역사 출장 및 대민 지원 업무도 진행합니다. 사회복무요원이 없으면 역은 상시 역무원 2인으로만 운영되어야 합니다. 부족한 인원 속에서 사회복무요원은 역무원의 동료로서 역무원들과 함께 일합니다.

세계보건기구가 발암물질로 분류한 야간 근무도 함께 수행합니다. 통상의 노동자였다면 특수건강검진을 받지만 사회복무요원은 그 대상이 못 됩니다. 별도의 휴게 시간이 없고, 그나마 있는 휴게실 역시 일반 직원들의 휴게실보다 훨씬 열악합니다. 일반 직원들만 노동조합 단체협약의 보호 아래 휴게실을 개선할 수 있었기 때문이지요. 애초부터 아픈 몸인데 야간 근무를 버티기 쉽지 않습니다. 야간 근무로 병을 얻어 며칠 쉬는 대가로 복무 기간이 연장된 사회복무요원도 있었습니다. 대민 업무를 하며 성희롱과 폭언을 경험하지만, 고객을 응대하는 노동자에 대한 복무기관의 보호 의무는 사회복무요원에게는 적용되지 않습니다. 심지어 철도로 진입하는 위험 업무를 사회복무요원에게 시키는 부당 지시도 행해집니다. 승강장 안전문 장애 수리에 사회복무요원이 투입된다는 진술도 들어왔습니다.

지하철역뿐 아니라 요양원·학교·행정복지센터·법원 등 일상 곳곳에서 기관 내 노동자들과 함께 일하는 사회복무요원들을 만날 수 있습니다. 이들은 다른 노동자들과 함께 일하며 같은 고충을 경험하지만, 노동자를 위한 권리 보호를 일절 받지 못한 채 무방비로 일터의 위험에 노출되고 있었습니다.

노동조합법에서 헌법의 영역으로

항소심을 준비하며 변론의 영역도 노동조합법에서 헌법 제33조의 기본권으로서의 단결권으로 넓혔습니다. 천지선 변호사가 마련한 법리는 다음과 같았습니다.

- 헌법 제33조에 따라 근로자는 자주적인 단결권·단체교섭권 및 단체행동권을 가집니다.
- 헌법 제37조 제2항은 국민의 자유와 권리를 법률로써 제한하는 경우에도 그 본질적인 내용을 침해할 수 없음을 명시하고 있습니다.
- 사회복무요원의 단결권을 제한하는 법률은 없습니다. 설령 있다 해도, 단결권의 본질을 침해해서는 안 됩니다.
- 사회복무요원은 병역 의무를 수행하는 국민인 만큼, 헌법 제39조에 따라 병역 의무의 이행으로 불이익한 처우를 받지 않아야 합니다.
- 따라서 국가는 사회복무요원에 대해 불가침의 기본적 인권을 확인하고 보장해야 합니다.
- 국방의 의무와 헌법상의 기본권이 충돌하는 경우에 대한 헌법재판소의

판시에 따라, 헌법적 가치를 후퇴시켜야 하는 경우에도 그 목적에 비례하는 제한적인 범위 내에 그쳐야 합니다.

이에 더해 재판부가 제시한 질문에 대해서도 성실히 답했습니다. 산업기능요원과 전문연구요원 등 노동조합을 만드는 다른 보충역도 있다는 점, 복무기관이 사회복무요원의 근무시간 및 방식을 정하고 임금을 지급하며 휴가 승인 여부에 상당한 재량을 행사하니 실질 노무 관계로 보아야 한다는 점, 사회복무제도가 국제노동기구의 제29호 협약에 위반될 수 있다는 점, 국제노동기구의 제87호 결사의 자유 및 단결권 보호에 관한 협약의 문언에 따르면 사회복무요원에게 단결권이 인정된다는 점 등등 모두 저희에게 유리한 답변들을 차곡차곡 준비했습니다.

의무적 노동은 노동이 아니다?

그래서 이번에는 조금 더 기대하는 마음으로 서울고등법원에서 선고를 기다렸습니다. 그런데 결과는 달라지지 않았습니다. 패소였습니다. 할 수 있는 이야기를 다 했다고 생각했기에 실망도 좌절도 감추어지지 않았습니다. 며칠 뒤 판결문을 열어 읽어봤습니다. 저희의 답변을 재판부가 반박하는 형식이었습니다. 한자 한자 피고보다도 더 정성스럽게 쓴 반박이었지요. 판결문은 사회복무요원이 노동조합법상 근로자가 아닌 11가지 이유를 제시하였지만, 사실 그 핵심은 하나였습니다. '사회복무요원의 복무는 헌법상 부과한 병역 의무 이행 행위로서 기본적으로 노무를 제공하고 그 대가를 얻기 위한 목적으로 하는 행위가 아니다.' 항소심의 표현을 빌려 조금 더 간단하게 얘기하면 '자발적으로 근로 관계를 형성하는 공무원'을 포함한 다른 근로자들과 달리 비자발적으로 병역 의무 이행 행위로서 관계를 형성하게 된 사회복무요원은 노동조합법의 규율 대상이 아니라는 것입니다. 결국 종전의 의문, '국방의 의무와 노동자로서의 권리는 함께 존재할 수 없는가'로 돌아온 것입니다.

노동조합법을 다시 들여다봤습니다. 그런데 아무리 봐도 노무 제공이 '자발적'이기를 요구하지 않았습니다. 노동조합법은 "'근로자'라 함은 직업의 종류를 불문하고 임금·급료 기타 이에 준하는 수입에 의하여 생활하는 자를 말한다"고 규정하므로 애초에 노무 제공 관계의 원인이 자발적인지 신경 쓰지 않습니다. 더구나 사회복무요원이 '비자발적으로' 노무를 제공한다는 사실은 오히려 복무기관에 대한 사회복무요원의 종속을 강화하고 인권침해 가능성을 높이는 요소입니다. 그런데 이 비자발성을 근거로 노동조합법의 적용마저 부정하는 것은 인간 존엄성의 침해로부터 노동자를 보호하고자 하는 노동법의 취지에 반할 뿐 아니라, 도리어 그 침해를 악화하는 처사입니다.

국제노동기구의 제29호 협약과 더불어 기본협약인 제87호와 제98호 협약은 징집되었는지와 무관하게 '군인의 단결권은 원칙적으로 보장되며, 군인의 단결권을 제한하고자 한다면 법률로 제한해야 한다'고 규정합니다. 단결권을 제한하는 법률이 존재하지 않는 한 노동조합을 만들 수 있는 것이지요. 외국의 사례를 보더라도, 징병제 국가인 노르

웨이·덴마크·스웨덴·핀란드는 군인의 노동조합을 인정하고 있습니다.* 하물며 사회복무요원의 노동자로서의 단결권은 당연히 인정되어야 하는 것이고, 사회복무요원의 단결권을 법률의 근거도 없이 제한하는 것은 헌법 위반이자 국제노동기구 기본협약 위반인 것입니다.

착취와 차별에 갇힌 아픈 몸들

항소심 선고 직전 사회복무요원으로 복무하던 유명 연예인의 근무태만 의혹이 뉴스에 보도되었습니다. '하필이면'이라고 생각했습니다. 사실 이 소송의 상대방은 피고인 고용노동부 의정부지청 하나가 아닙니다. 또 다른 상대는 현역이 아닌 보충역으로 복무한다는 이유로 사회복무요원을 향해 던져지는 우리 사회의 차별과 편견입니다. 그 연예인의 사정은 모르나, 보도가 던지는 비난의 화살은 분명했습니다.

헌법은 대한민국이라는 국가를 유지하는 우리의 약속입니다. 그래서 언제든 국민의 투표로 수정할 수 있습니다. 헌법에 규정된 국방의 의무 또한 우리의 약속인 것이지요. 그러나 한국의 징병제가 잔혹하듯 그 하위 제도인 사회복무제도 역시 참 잔인합니다. 국민으로서 국방의 의무를 이행하겠다는 약속은 국가가 인간으로서의 존엄과 권리를 함부로 침해할 수 있다는 이야기는 아니었습니다. 국가의 자의에 따라 필요 이상으로 의무의 범위를 확대해도 된다는 이야기도 아닙니

● "The Right of Association in the Armed Forces - Citizen in Uniform" EUROMIL NEWS, EUROMIL, May 9, 2023.

다. 그런데 '약속'했다는 이유로 국가는 가장 기본적인 인권조차 보장해주지 않은 채, 현역병으로 복무할 수 없는 '아픈 몸'들을 갈고 갈아 최대한의 이득을 뽑아내려 듭니다. 정부는 병역 의무 이행의 형평성을 들어 사회복무제도를 유지해야 한다고 이야기합니다. 그러나 진짜 들여다봐야 할 문제는 형평성 유지가 아니라 징병제 자체의 인권침해 소지, 그리고 그 결과 만연한 군 내부의 인권침해 아닐까요? 징병된 청년들이 겪어야 하는 모순과 분노를 또 다른 청년들에 대한 억압으로 어르는 정부의 수법은 국가 내부의 문제를 달래기 위해 새로운 탄압 대상을 만들어내왔던 독재국가 시절의 방식을 연상하게 합니다.

　국가의 착취와 사회적 차별 속에서 사회복무요원들은 빈곤과 실존의 문제를 맞닥뜨립니다. 2025년 기준 사회복무요원은 소집 후 2개월까지 월 75만 원, 8개월까지 월 90만 원, 14개월까지 월 120만 원, 15개월 이상부터 150만 원을 받습니다. 2025년 1인 가구의 생계급여 선정기준은 월 765,444원입니다. 월 75만 원의 소득은 생계급여 인정액에도 미치지 못하는 것이지요. 가정에서 부양받지 못하는 한 사회복무요원은 복무를 시작하는 순간부터 빈곤에 시달립니다. 낮은 보수로 인해 제대로 된 음식을 사 먹을 수 없고, 병원비를 내지 못하며, 월세를 감당하기도 어렵습니다.

의무와 권리 사이에 놓인 모든 삶에게

　다시 이 질문으로 돌아옵니다. 사회복무요원은 노동자가 아닐까

　　　　　　　나는 왜 '노동자'일 수 없는 것입니까

요? 의무와 권리가 함께 존재할 수는 없는 걸까요? 처음에 제가 가졌던 의문과 마찬가지로 고용노동부도, 1심 법원도, 2심 법원도 사회복무요원이 노동자가 아니라는 갖가지 이유를 가져왔습니다. 그러나 그 어느 것 하나 그럴듯한 이유는 아닙니다. 어쩌면 처음 그랬던 것처럼 이 사건은, 법대로 하면 되는 사건입니다. 노동조합법에 의하면, 헌법이 보장하는 노동3권의 취지에 의하면, 국제조약에 의하면 사회복무요원에게는 단결권이 인정되어야 합니다.

그런데 왜 저조차 자신이 없었을까요? 그리고 왜 우리는 이러한 상황을 수긍하며 살아온 걸까요? 우리나라는 유난히 권리보다 의무를 먼저 내세우는 사회입니다. 학생에게는 공부할 의무가 있으니 청소년 시기를 누릴 권리 정도는 제한되거나 박탈되어도 좋다는 압박을 숨 쉬듯 당연하게 받아들이며 자라왔습니다. 징병제 역시 국방의 의무라는 미명 아래 청년들이 누려야 할 자유와 권리를 박탈하며 수십년간 유지되어 왔지요. 우리 모두들 의무를 다해야만 기본권도 주어진다는 관념에 저도 모르게 익숙해진 것은 아닌지 돌아보게 됩니다.

우리 사회도 사실은 조금씩 변하고 있습니다. 2016년 군인의 지위 및 복무에 관한 기본법(약칭 '군인복무기본법')이 제정되었습니다. 군인복무기본법은 '군인은 대한민국 국민으로서 일반 국민과 동일하게 헌법상 보장된 권리를 가진다'고 확인합니다. 헌법재판소도 2018년 국방의 의무와 헌법상의 기본권이 충돌하는 경우 "입법자는 두 가치를 양립시킬 수 있는 조화점을 최대한 모색해야 하고, 그것이 불가능해 부득이 어느 하나의 헌법적 가치를 후퇴시킬 수밖에 없는 경우에도 그 목적에 비례하는 범위 내에 그쳐야 한다"고 판시하였습니다.

항소심 선고를 기다리는 동안 12·3 내란 사태가 일어났습니다. 마땅히 거슬렀어야 할 대통령의 명령을 그대로 따른 군 고위 인사들을 마주해야 했습니다. 군대가 의무만큼이나 결사의 자유, 집회·시위의 자유 등 인권을 이야기하는 민주적인 조직이었다면 그날 그 명령이 이상하다는 것쯤을 그들도 알지 않았을까 생각합니다.

유럽인권재판소는 군인이 노동조합을 결성하거나 가입하는 것을 금지할 수 없다고 봅니다.** 유럽의회도 군인들이 민주적 사회로부터 고립되어서는 안 되며 그들이 보호하는 민주주의를 직접 체험해야 한다고 강조합니다.*** 민주사회의 군인은 자신이 보호하는 민주주의를 누릴 때 진정으로 민주사회를 보호할 수 있습니다. 그러니 사회복무요원뿐만 아니라 직업군인과 현역병의 노동3권도 보장되어야 합니다.

이제 저는 사회복무요원 노동조합원들이 옳았다고 확신합니다. 법원이 어떤 결정을 내리든 이 사건은 법원의 결정으로 끝나지는 않을 것입니다. 사회복무요원의 기본권을 외치는 사람들은 어떤 방식으로든 계속 남아 민주주의와 인권이 국방의 의무 앞에서 멈추는 사회를 기어코 변화시킬 것이기 때문입니다. 그리고 이내 그들이 옳았다는 것을 증명할 것입니다.****

● 헌법재판소 2018. 6. 28. 선고 2011헌바379, 383, 2012헌바15, 32, 86, 129, 181, 182, 193, 227, 228, 250, 271, 281, 282, 283, 287, 324, 2013헌바273, 2015헌바73, 2016헌바360, 2017헌바225(병합), 2012헌가17, 2013헌가5, 23, 27, 2014헌가8, 2015헌가5(병합) 전원재판부 결정.
●● European Court of Human Rights, Matelly v. France, no. 10609/10, 2014-2.
●●● European Parliament, Draft Report on European Parliament Resolution On the right of members of the armed forces to form associations (1984), 5-6.
●●●● 사회복무요원 노동조합의 상고는 이 책이 출간되기 직전 기각되었습니다.

우리 곁을 떠난
159명의 별에게 보내는 변론

10·29 이태원 참사

조인영 　무사안일의 의미가 빛바랜 추억처럼 옅어지고, 걱정 없는 평범한 날이 낭만이 되어버린 시대에 '안녕하신지요' 안부를 묻는 것이 조심스럽습니다. 그럼에도, 그럴수록, 우리는 서로에게 안녕을 묻고 서로의 안녕을 들여다보아야 한다고 믿습니다.

2022년 10월 29일, 팬데믹으로 인한 사회적 거리두기가 해제된 뒤 맞는 첫 핼러윈 주말이었습니다. 저녁이 되자 핼러윈 축제를 즐기려는 사람들과 여느 주말처럼 식당을 찾은 이들, 일하러 나온 상인들로 이태원 일대가 꽉 차기 시작했습니다. 18시경, 이미 인파에 휩쓸리듯 걸어가던 사람들이 해밀톤호텔 옆 골목길에 밀집되기 시작하면서 통행이 어려워집니다. 18시 34분, 서울경찰청 112상황실에 첫번째 신고가 접수됩니다.

그날 밤 159개의 별이 우리 곁을 떠났습니다

(해밀톤호텔 옆) 골목이 지금 (⋯) 너무 위험하거든요. 사람들이 내려올 수 없는데 계속 밀려오다 보니까 압사당할 것 같아요. 겨우 빠져나왔는데, 이

거 인파 너무 많은데 통제 좀 해주셔야 할 것 같은데요.

    112상황실은 이태원파출소에 상황 파악을 요청하지만, 이태원파출소는 아직 어떠한 사고도 발생하지 않았다며 괜찮다고 응답합니다(그러나 이후 이태원파출소는 출동하지 않았음에도 출동한 것처럼 내역을 조작했음이 드러났습니다).

    21시경, 이태원역 1번 출구에서 나오는 사람들과 귀가하려고 골목에서 내려오는 사람들이 뒤엉키며 해밀톤호텔 옆 골목은 아수라장으로 변하기 시작합니다. "인파들이 너무 많아서 대형사고 나기 일보직전"이라는 신고가 접수되자 112상황실은 이 신고를 위급사항 최고 단계인 '코드제로'로 분류해 용산경찰서에 전달합니다. 참사 발생 직전인 22시 11분에 접수된 신고는 "여기 압사될 것 같아요"라며 비명과 함께 울부짖습니다. 이때에도 경찰은 출동하지 않습니다.

    22시 15분경, 결국 참사가 발생합니다. 참사 발생 사실을 인지한 용산소방서가 22시 31분 현장에 도착하였으나, 현장 전면부에 깔린 사람들을 빼내지 못합니다. 22시 37분 후면부로 돌아가 구조를 시작하지만, 이 역시 사람들을 빼내기 어려워 지체됩니다. 22시 50분경 첫 심정지 환자가 발생하였고, 이후 사망자가 속출합니다. 응급구조대뿐 아니라 주위에 있던 시민들, 상인들, 생존자들까지 나서 응급 조치를 하며 구조를 돕지만 역부족입니다.

    서울 전역에서 구급차들이 출동했지만, 인파와 교통혼잡으로 인해 현장 가까이 접근하는 것조차 어렵습니다. 1분 1초가 안타깝게 흘러가고 있었습니다. 23시경, 용산소방서장은 계속해서 '통제가 안 된다'

라며 서울경찰청 특수기동대 출동을 거듭 요청합니다. 그러나 24시까지 현장 인파 및 도로 통제는 전혀 이루어지지 않았습니다.

참사 직후 156명의 희생자가 집계됐고, 이후 중환자실로 옮겨진 2명이 사망했으며 고등학생 생존자가 2차 가해로 인해 목숨을 잃으면서 이태원 참사에서는 총 159명의 희생자가 발생했습니다.

왜 우리는 이러한 참사를 또다시 직면해야 했을까요? 무엇이 사랑하는 사람들을 가족으로부터 앗아간 것일까요? 어떠한 답도 듣지 못했기에 이태원 참사는 현재진행형입니다. 남겨진 이들 그리고 우리는 여전히 그 시간 그곳에 머물러 있습니다.

존중 없이 이루어진 시신 인도

유가족들에게 가장 큰 고통과 의문을 남긴 사안 중 하나는 희생자의 신원 확인 및 시신 인도 과정입니다. 참사 직후 무엇보다 중요한 것은 빠르게 신원을 확인하고 유가족에게 희생자의 시신을 인도하는 것입니다. 참사가 발생하면 참사 현장 주변에 임시 영안소를 설치하고 희생자의 신원을 확인합니다. 1차로는 육안으로 확인된 정보 또는 가족들이 제공한 정보 등으로 확인하고, 2차로 지문과 DNA 감정 등 과학적 방법을 거쳐 확정합니다. 물론 유가족이나 지인에 의한 신원 확인이 가능하다면 1차만으로 빠르게 이루어질 수 있습니다.

그러나 참사 당일 경찰·소방·용산구청은 1차 신원 확인을 모두 거부했습니다. 현장에 있던 친구가 희생자의 구급차 이송을 보고 신원을 확인해주겠다 했지만 거부했고, 유가족에게 희생자의 이송 사실을 알릴 테니 이송 위치를 알려달라고 했으나 이마저 거부했습니다. 희생자들의 시신은 유가족에게 인도되기까지 참사 현장 길바닥, 근처 상가건물, 다목적실내체육관, 병원 등을 오갔습니다.

국정조사에서 밝혀진 바에 따르면, 희생자들의 신원은 임시 영안소로 이용된 체육관에서 2차 감정을 통해 모두 확인되었습니다. 다른 참사의 경우, 신원이 확인되는 즉시 대기 중인 유가족에게 통보했습니다. 유가족은 임시 영안소에서 장례식장으로 이동하여 장례 절차를 밟게 됩니다. 그러나 이태원 참사에서 정부는 유가족들이 대기할 수 있는 공간을 만들지도 않았고, 희생자 신원 정보를 제공하지도 않았으며, 실종신고를 한 후 집에 돌아가 기다리라고만 했습니다. 그리고 신원 확인이 끝난 지 한참 지난 10월 30일 오후에서야 유가족에게 연락했습니다.

유가족이 병원에 도착했을 때 마주한 희생자는 이미 검시가 끝난 상태였습니다. 희생자는 일부 또는 전부 탈의되어 있었으며, 병원에 일찍 도착한 가족들은 의사가 희생자의 옷을 가위로 자르고 쓰레기통에 버리는 장면을 목격하기도 했습니다. 경찰은 병원에 도착한 가족들에게 신원 확인을 재촉하였고 시신이 훼손된다며 가족들이 희생자의 몸을 보듬지 못하게 막았습니다. 또한, 마약 관련 소문이 있으니 수사를 위해 부검이 필요하다고 가족들을 종용하기도 했습니다. 유가족들은 경찰 조사를 받아야만 시신을 인도받고 거주지에서 장례를 치를 수 있었습니다. 희생자와 유가족을 모욕하는 수많은 절차를 거쳤음에도 정작 유가족은 여전히 희생자가 사망한 정확한 시각과 장소를 알지 못합니다.

기존 시스템이 전혀 작동하지 않은 문제도 있습니다. 경찰청과 국립과학수사연구원은 빠른 신원 확인을 위해 2018년 공동으로 K-DVI^{Korea Disaster Victim Identification, 한국형 재난 희생자 신원 확인 체계}를 출범시켰습니다. 2022년 3월에 모의 합동훈련까지 진행했으나, 이태원 참사에서 K-DVI는 작동하지 않았습니다. K-DVI가 가동되었다면 민간 의사가 아닌 법의학팀이 검시를 할 수 있었을 것이고, 사인과 사망 시각 등을 기록한 시체검안서 작성이 이루어졌을 것입니다. 국정조사에서 윤희근 전 경찰청장은 K-DVI 작동을 고려했다고 답변했으나, 왜 K-DVI를 작동하지 않았는지는 답하지 않았습니다.

이태원 참사 8개월 전인 2022년 4월, 가습기살균제사건과 4·16세월호참사 특별조사위원회^{사회적참사 특별조사위원회, 이하 사참위}는 「세월호참사 희생자 수습과 장례지원」 보고서를 통해 "불가피한 재난 현장에서 살아나오지 못한 사회적 죽음이라는 점에서 시신 인도는 최대한 고인과 그의 가족을 존중하는 방식으로 이뤄져야 한다"라고 짚으면서 "체계적이지 못한 신원 확인과 시신 인도 절차로 인한 혼란을 최소화하기 위해 '현장 임시 영안소 설치·운영 지침'을 마련하고, '재난 희생자 신원 확인과 가족 인도 절차'를 표준화하여 위기관리 매뉴얼에 반영할 필요가 있다"고 권고했습니다. 그러나 행정안전부는 해당 권고를 당시에도 그리고 지금까지도 이행하지 않고 있습니다. 사랑하는 사람과의 마지막이 왜 그토록 고통스러워야만 했는지 묻지 않을 수 없습니다.

추모하고 애도할 권리 침해

2005년 유엔총회의 「유엔 피해자 권리 원칙」과 2020년 유엔 진실정의특별보고관의 「인권 맥락에서의 추모 과정」 보고서 등에 따르면 추모와 기억은 진실과 정의, 배상과 재발방지를 이행하는 데 기여하고 혐오와 갈등의 시기에 평화 문화를 구축하는 중요한 수단입니다. 추모와 애도를 통해 참사를 기억하는 일은 우리 사회가 참사를 어떻게 대하고 어떻게 회복할 것인가와 긴밀하게 연결됩니다.

우리나라에서 참사가 발생하면 정부는 합동분향소를 설치하고 시민들은 분향소를 찾아 조문하며 희생자를 추모하고 유가족에게 애도를 표해왔습니다. 1995년 삼풍백화점 붕괴 참사 때 서울시에서 서초구민회관에 분향소를 설치한 것을 시작으로 정부는 합동분향소 설치를 사회적 추모와 애도의 방식으로 삼았습니다.

2016년 국민안전처가 발간한 『사회재난 구호 및 복구 업무편람』에 따르면 합동분향소 설치 및 운영은 중앙사고수습본부 가동 시에는 중수본이 맡고, 미가동 시에는 지방자치단체가 맡는 것으로 하며, 합동분향소 운영 시 유가족 대기 공간 마련, 필요 물품 소요 현황 파악 및 준비, 관계부처 및 유관기관을 대상으로 합동분향소 운영 상황 보고·전파 등을 지원해야 한다고 명시했습니다. 위치선정·운영규모·비용정산 등도 관계부서와 유가족 대표가 협의하도록 하고 있습니다.

사참위 보고서 「세월호참사 관련 추모 및 유류품관리, 피해지역 공동체회복과 경제활성화사업」에서도 "합동분향소는 참사에 대한 국민적인 애도가 표출되고 모이는 장소이다. 대형 재난참사의 피해는 직접적인 피해자들에게만이 아니라 사회와 공동체에도 미치므로 사회적·공동체적 애도 또한 반드시 있어야 한다. (…) 재난참사 이후 설치되는 합동분향소를 영결식까지만 운영하는 한시적 시설로만 볼 것이 아니라 피해자들에 대한 사회적 지지와 공동체의 애도가 보장되면서 추모가 시작되는 공간으로 인식할 필요가 있다. 또한 합동분향소 설치·운영을 논의하는 초기 단계에서 유가족들과 합의하는 과정이 중요하다."라며 합동분향소의 존재 의의와 유가족과의 협의 운영에 대해 유의미하게 짚었습니다.

그러나 이태원 참사에서 국가애도기간이 지정되고 정부 합동분향소가 설치·종료된 과정을 들여다보면, 공동체의 추모와 애도의 의미는 퇴색되었고 피해자들과의 협의 역시 실종되었습니다. 정부는 참사 직후 2022년 10월 30일부터 11월 5일까지를 국가애도기간으로 지정하고 정부 합동분향소를 설치하는 과정에서 유가족과 단 한차례도 협의하지 않았습니다. 희생자의 장례를 치를 때까지 병원, 장례식장, 경찰서를 감시하듯 따라다녔던 일대일 전담 공무원들은 장례를 치르자마자 기다렸다는 듯 떠났고, 유가족에게 정부 합동분향소 설치에 대한 안내는 일언반구조차 없었습니다. 텔레비전만 틀면 나오는 참사 보도가 고통스러워 차마 뉴스를 볼 수 없었던 많은 유가족은 분향소의 존재조차 몰랐습니다.

또한 정부는 위패와 영정이 없는 분향소를 설치하고, 조문하는 공무원들에게 근조 리본을 거꾸로 달도록 지시했습니다. '희생자'가 아닌 '사망자', '참사'가 아닌 '사고'라는 명칭을 사용하기로 했다가 항의가 빗발치자 다시 '희생자'와 '참사'라는 명칭을 사용했습니다. 2014년 세월호 참사 이후 '희생자' '참사'는 '사회적 책임이 있고, 사회적 추모와 애도가 필요한 사건'에서 그 의미를 드러내기 위해 반드시 사용해야 하는 용어로 명명되었지만 정부는 이태원 참사의 책임을 회피하고 진상을 은폐하기 위해 의도적으로 용어 사용을 막았습니다. 기자들이 중앙대책본부 브리핑에서 여러차례 그 이유를 물었으나 답을 듣지 못했습니다. 정부는 국가애도기간이 끝나자마자 '일상으로 돌아가야 한다'는 구실을 대며 일방적으로 추모와 애도의 시간을 끝내버리기에 급급했습니다. 희생자가 바랐던, 유가족이 바랐던 추모와 애도의 모습은 결코 아니었습니다.

유가족들이 모일 수밖에 없는 이유

유가족들이 슬픔과 황망함을 추스르기도 전에 정부는 스스로 잘못이 없다고 방어하기 바빴습니다. 이상민 전 행정안전부 장관은 '우려할 정도로 많은 인파가 몰린 것은 아니다'라며 '통상과 달리 경찰이나 소방 인력을 미리 배치함으로써 해결될 수 있었던 문제는 아니었던 것으로 파악하고 있다'고 변명했습니다. 박희영 용산구청장은 정부 합동분향소를 찾은 뒤 핼러윈 축제를 두고 '축제가 아니라 현상'이라고 규정하며 자신은 '역할을 다했다'고 강조했습니다. 누구 하나 사과하고 책임지겠다고 하지 않았습니다.

참사의 책임을 인정하고, 진상을 조사하고, 피해자를 지원하는 것은 국민의 생명과 안전을 책임지는 정부의 의무입니다. 그러나 현실에서 진상조사는 요원해지고, 진실은 은폐되었으며, 피해자들은 방치되었습니다. 결국 정부가 피해자를 위한 충분한 지원을 하지 않을 것이라고 판단한 민주사회를 위한 변호사모임(이하 '민변')에서는 10·29 이태원 참사 진상규명 및 법률지원 TF(이하 '민변 TF')를 구성했고, 공감도 민변 TF 활동을 함께했습니다.

가장 먼저 해야 할 일은 유가족을 모으고 유가족의 이야기를 듣는 것이었습니다. 민변 TF와 먼저 연락이 닿은 유가족들은 정부가 참사 현장에 유가족을 위한 공간을 만들지도 않았고 유가족 대상으로 한 브리핑을 한번도 진행하지 않았으며 다른 유가족을 만날 기회조차 주지 않았다고 성토했습니다. 행정안전부는 다른 유가족의 연락처를 가르쳐달라는 요청과 다른 유가족에게 나의 연락처를 공유해달라는 요청을 모두 거절했습니다.

일반적으로 재난참사에서 모든 정보는 책임자가 독점하게 됩니다. 더구나 책임자가 정부라면 정보에 대한 접근은 더욱 폐쇄적이고 한정적일 수밖에 없습니다. 따라서 피해자들의 알 권리와 자기결정권 보장을 위해서는 피해자들이 서로 만나 정보를 공유하며 재난 책임자에 대해 공동으로 대응하는 것이 매우 중요합니다. 또한, 대표성 있는 모임을 결성해 피해자들의 요구사항을 정리하고 합의하여 단일한 목소리를 외부로 표출할 필요가 있습니다.

2022년 11월 민변 TF는 유가족들을 서로 만나게 하기 위해 민변 대회의실에서 유가족 간담회를 개최했습니다. 지금도 그날의 기억이 생생하게 떠오릅니다. 80여명의 유가족이 대회의실을 가득 채웠습니다. 슬픔을 등에 진 몸, 반쯤은 경계하는 눈빛, 한참 동안 웃지 못한 사람만이 내보일 수 있는 표정과 함께 모두의 얼굴에 눈물 자국이 비쳤습니다. 간담회가 시작되고, 누구도 먼저 이야기를 꺼내지 못한 채 침묵만 이어지던 중 한 유가족이 손을 들었습니다.

"저는 이주영 아빠 이정민입니다."

그 말만으로 곳곳에서 흐느끼는 소리가 들렸습니다.

"제 딸은… 서서 죽었습니다."

팽팽했던 공기가 물로 바뀌어 쏟아지는 듯했습니다. 그 발언을 시작으로 유가족들은 함께 울며 희생자의 빛나고 소중했던 인생과 참혹했던 참사 현장에 대해 이야기했습니다. 정부의 태도를 지켜본 가족들 모두 슬픔과 애통함을 넘어 실망과 분노를 느끼고 있었습니다. 간담회가 끝날 무렵 유가족들은 누군가의 부모이자 형제, 가족으로서 할 수 있는 일을 하기로 의견을 모았고, 10·29 이태원 참사 유가족협의회(이하 '유가협')를 만들기로 결정했습니다.

유가협은 진상규명과 책임자 처벌, 진정한 추모와 애도라는 구호 아래 희생자의 영정과 위패를 안치한 시민분향소 설치, 10·29이태원 참사 피해자 권리보장과 진상규명 및 재발방지를 위한 특별법(이하 '이태원 참사 특별법') 제정, 기억공간 마련 등 의미 있는 결과를 이끌어냈습니다.

그러나 무엇보다 유가협 결성은 회복의 과정이었습니다. 그 누구도 유가족의 고통과 슬픔을 온전히 이해할 수 없었기에 유가족은 어디에도 쉽게 마음을 털어놓지 못했습니다. 시간이 지나자 유가족들을 향해 더는 그만하라고, 이제 괜찮을 때도 되지 않았느냐고 비난하기도 했습니다. 말하지 않아도 이해받을 수 있는 공간과 기댈 수 있는 곳이 필요했던 유가족들에게 유가협은 서로의 상처를 들여다보고 다른 이의 목소리를 대신 내주기도 하며 함께 회복하는 치유의 장이었습니다. 그렇게 유가족들은 서로의 곁을 지켜오며 더 멀리, 더 넓게 나아가는 발걸음을 내딛기 시작했습니다.

누가 혐오를 부추기는가

> 자식 팔아 장사한단 소리 나온다
>
> (희생자들이) 나라 구하다 죽었냐
>
> 시체팔이족속들!!! 나라구한영웅이니? 엔간히들_쯤!

김미나 창원시 의원이 자신의 사회관계망서비스에서 희생자와 유가족들을 향해 일삼은 혐오 발언입니다. 희생자와 유가족을 노골적으로 모욕하고 힐난하는 혐오 발언은 참사 현장이 방송과 온라인을 통해 생중계되던 순간부터 끊이지 않았습니다.

특히 유가협과 10·29 이태원 참사 시민대책회의가 녹사평역에 시민분향소를 설치하면서 이들을 향한 혐오 발언은 더욱 혹독해졌습니다. 분향소가 설치되기 전, 분향소가 설치될 공간에 선제적으로 집회 신고를 한 극우 단체와 유튜버들은 방송 차량과 개인 휴대폰 등을 이용해 희생자와 유가족을 모욕하는 발언을 서슴지 않았습니다. 그리고 혐오 표현이 가득 담긴 십수개의 현수막을 걸어 분향소를 둘러쌌습니다. 유가족들은 시민분향소를 차렸다는 찰나의 안도감을 느낄 새도 없이 혐오 세력의 날선 눈빛, 모욕적인 발언들을 감내해야 했습니다.

왜 혐오 발언이 근절되지 않는 것일까요? 강력한 처벌을 통해 멈추게 할 수는 없을까요? 재난참사 피해자 혐오에 대한 문제의식은 2014년 세월호 참사 이후부터 강력하게 제기되었습니다. 희생자들을 향한 혐오 표현이 무분별하게 확산됨에 따라 이를 규제하고 처벌해야 한다는 사회적 합의가 이루어졌습니다. 경찰은 자체적으로 인터넷상에서의 혐오 발언과 게시물을 수사했고, 법원은 양형 기준을 수정하여 명예훼손과 모욕죄 처벌 시 '피해자에 대한 혐오 또는 증오감에 범행을 저지른 경우' '별다른 이유 없이 특정 집단이나 다수의 피해자를 상대로 한 무작위 범행 또는 범행 자체를 즐겨서 저지른 경우'에는 가중처벌을 할 수 있게 했습니다.

그러나 형사처벌을 가중한다고 해서 혐오의 문제가 해결될까요? 혐오 표현에 대해 처벌할 수 있는 경우는 형법상 제307조 사실적시·허위사실적시 명예훼손죄, 제308조 사자의 명예훼손죄, 제311조 모욕죄, 정보통신망 이용 촉진 및 정보보호 등에 관한 법률 제70조의 명예훼손죄에 해당하는 경우입니다. 모두 공공연하게 사람의 명예를 훼손하는 것을 요건으로 합니다. 물론 희생자와 피해자를 명시적으로 모욕하고 희롱할 경우 당연히 형법상 범죄에 해당합니다. 그러나 현실적으로 처벌하지 못하는 경우가 훨씬 흔합니다.

법원은 모욕의 의미에 대해 "모욕이란 사실을 적시하지 아니하고 사람의 사회적 평가를 저하시킬 만한 추상적 판단이나 경멸적 감정을 표현하는 것을 의미한다. 따라서 어떠한 표현이 상대방의 인격적 가치에 대한 사회적 평가를 저하시킬 만한 것이 아니라면 설령 그 표현이 다소 무례한 방법으로 표시되었다 하더라도 이를 두고 모욕죄의 구성요건에 해당한다고 볼 수 없다"라고 하였습니다.[*] '놀러 가서 죽었다' '아이들을 팔고 있다' '재난을 정치적으로 이용한다'라는 표현들은 모두 참사의 책임을 희생자에게 돌리고, 유가족 활동의 진정성을 훼손하는 혐오 표현으로 다루어져야 마땅합니다. 그러나 실무적으로 법원은 모욕죄의 구성요건을 소극적으로 해석하고 있기 때문에 위 발언들을 모욕죄로 규율할 수 없습니다.

또한 형법상 범죄에 해당하더라도 법원의 판단에 일관성이 결여된 경우도 잦습니다. 세월호 참사 당시 양형 기준을 수정한 목적과 달리 이태원 참사 피해자들에 대한 혐오성 게시글과 댓글에 대한 판결을 분석해보면 명시적인 성희롱 표현과 욕설, 모욕적 표현에 대해서도 법원은 피고인이 초범이거나 반성하고 있다는 이유로 감경하거나 무죄를 선고하기도 했습니다. 혐오 발언을 한 김미나 창원시 의원의 사례만 보더라도, 법원은 반성하고 있다는 점을 고려하여 징역 3개월의 선고유예 결정을 하는 데 그쳤습니다. 유예 기간인 2년이 지나면 김미나 의원은 사실상 어떠한 처벌도 받지 않게 됩니다.

혐오를 그저 방치하는 정부의 잘못 또한 지적하지 않을 수 없습니다. 처벌로서 혐오 표현을 제지할 수 없는 경우 정부가 나서서 이를 막고자 노력해야 합니다. 민변은 참사 초기, 도를 넘는 2차 가해 행위에 대해 아무런 입장 표명도 하지 않고 방관하는 정부의 태도는 사실상 2차 가해 행위를 부추기고 조장하는 것과 다르지 않다고 지적하며,

---

● 대법원 2023. 2. 2. 선고 2022도4719 판결.

2차 가해 방지를 위한 실효성 있는 대책을 마련할 것을 요청했습니다. 국가인권위원회도 정부에 대책 마련을 권고했습니다. 그러나 정부는 어떠한 조치도 취하지 않았습니다.

결국 참사 발생 43일째 되던 2022년 12월 12일, 현장에서 두 친구를 잃었던 고등학생 생존자가 극심한 2차 가해에 괴로워하다 159번째 희생자가 되고 말았습니다. 159번째 희생은 과연 누가 만든 것일까요?

권한이 클수록 책임은 작아지는 사법적 모순

이태원 참사 2주기를 앞두고 김광호 전 서울경찰청장, 이임재 전 용산경찰서장, 박희영 용산구청장 등 참사 주요 책임자들에 대한 1심 형사 판결이 선고되었습니다. 이들은 모두 업무상과실치사상죄로 기소되었습니다. 이임재 전 용산경찰서장에게는 유죄가 인정되어 금고 3년이 선고되었지만, 김광호 전 서울경찰청장과 박희영 용산구청장에게는 무죄가 선고되었습니다. 동일한 참사의 책임에 대하여 '유죄'와 '무죄'로 극명하게 나뉜 재판 결과를 어떻게 받아들여야 할까요?

법원은 1990년대 삼풍백화점과 성수대교 붕괴에서부터 2010년대 가습기살균제 참사에 이르기까지 '과실의 공동정범'이 성립한다고 보면서 각 과정의 책임자들에게 유죄 판결을 내린 바 있습니다. 이에 따라 삼풍백화점 회장, 성수대교 공사감독 공무원, 가습기살균제 제조사 대표 등이 유죄 판결을 받았습니다. 법원은 여러 과실이 합쳐져 사고의 한 원인이 된 경우, 각자의 주의의무 위반이라는 행위가 참사라는

우리 곁을 떠난 159명의 별에게 보내는 변론

결과에 본질적으로 영향을 미쳤는지를 기준으로 그 위법성을 판단합니다. 그런데 최근 법원은 과실의 공동정범이 성립하는 범위를 제한하려는 경향을 보이고 있습니다. 즉, 개별 행위자가 업무와 관련해 구체적이고 직접적인 주의의무를 게을리했는지를 판단하기 위해 사고 예견가능성, 업무상 과실, 결과와의 인과 관계 등이 있었는지를 모두 엄격하게 따진 후에야 각자에게 개별적인 형사책임을 묻고 있습니다.

이처럼 법원이 판단의 재량을 갖고 있는 사건에서는 위로 갈수록 권한은 커지지만, 참사 책임을 법적으로 묻기는 어려운 결과가 발생하곤 합니다. 법원은 김광호 전 서울경찰청장, 박희영 용산구청장에 대해서도 "'알아야 하는' 지위에는 있었지만, '위험성을 몰랐으니' 책임은 없다."라는 논리로 무죄를 선고했습니다.[*] 이렇듯 서울경찰청과 용산구청 관련자 7명이 모두 무죄를 선고받으면서 현장에 있던 경찰 공무원들만 형사책임을 부담하게 되었습니다. 형사재판의 한계를 감안하더라도 과연 이러한 결과는 온당한가, 모순점은 없는가, 절차는 적정했는가, 그리고 국가로부터 생명권을 침해받은 피해자들의 권리를 어떻게 보전할 것인가 하는 질문들이 제기될 수밖에 없습니다.

또 다른 참사를 불러올 면죄부

이임재 전 용산경찰서장의 경우 혼잡이 예상되는 지역을 관할하는

● 임민정, 「'무죄' 또 '무죄' 이태원 참사 책임 어디다 묻나[법정B컷]」, 『노컷뉴스』, 2024. 11. 3.

경찰관으로서 업무상 주의의무 위반이 인정되었습니다. 이는 용산경찰서에 참사에 대한 예견 가능성, 즉 국민의 생명·신체에 대한 위해 가능성이 있었다고 보면서 범죄 단속에만 치중하고 경비 대책을 세우지 않는 등 소홀한 조치를 한 것에 대해 업무상 과실을 인정한 것입니다. 해당 재판부는 "국민의 생명·신체를 보호하고 공공의 안녕과 질서를 유지하여야 할 임무가 있고, 혼잡상황에 대비한 치안유지라는 구체적 임무까지 부여된 경찰관의 지위에서, 대규모 인명 사상이라는 대형 참사의 결과 전부까지는 아니더라도 '일정 공간에 군중의 밀집으로 인하여 일어날 수 있는 일반적인 사고, 즉 전도·추락·압사 등의 안전사고라는 결과'의 발생을 예견할 수 있었고, 이를 회피할 수 있었다"고 보았습니다.

그러나 법원은 김광호 전 서울경찰청장에 대해서는 관내 혼잡경비 업무 등을 총괄하고 대규모 인파 집중으로 인한 재난 및 안전사고를 막기 위한 지휘·감독자였으며 핼러윈데이 혼잡상황에 대비하라는 지시를 여러차례 내리고 관련 보고를 받았다는 점을 인정하면서도, '대규모 압사 사고'라는 결과까지는 예견할 수 없었다는 이유로 무죄를 선고했습니다. 해당 재판부는 "통상 예견할 수 있는 범위를 넘는 이례적인 사태의 발생까지 예견하고 대비할 것까지 요구할 수는 없다"고 전제하면서, 김광호 전 서울경찰청장의 지위나 역할, 용산경찰서와 서울청 각 부서가 보고한 정보만으로는 '대규모 압사 사고'라는 결과를 예견할 수 없었다고 판단했습니다.

위 두 판결을 비교해보면 업무상과실치사상죄의 법리가 모순되게 적용되고 있다는 것을 알 수 있습니다. 우선 예견 가능성을 판단함에 있어 예견의 대상인 '이태원 참사'를 군중 밀집으로 인하여 일어날 수 있는 '안전 사고'라고 보는지, '대규모 압사 사고'라는 결과로 보는지가 서로 다릅니다. 또한 법원은 김광호 전 서울경찰청장이 업무상 주의 의무나 감독 책임을 '현저히' 또는 '만연히' 태만하게 하지 않았으므로 무죄라고 판단했는데, 이는 업무상 과실이 아니라 중과실 여부를 판단하는 기준을 적용한 법리 오해라고 볼 수 있습니다. 결국 김광호 전 서울경찰청장에 대한 판결의 경우, 예견 가능성의 판단 기준을 지나치게 높게 설정하고 상급자의 관리·감독 책임에 대한 판단을 축소한 면죄부라는 비판을 피할 수 없습니다.

또한, 법원은 기초지자체장인 박희영 용산구청장에 대해서도 재난 사전 대비 단계에서 '다중운집인파 사고'는 개정 전의 재난안전기본법 상 사회재난에 포함되어 있지 않았다는 점, 주최자가 없는 행사에 대해서 별도의 안전관리 계획을 수립하여야 한다는 의무 규정이 없었다는 점 등을 근거로 인파 사고에 대한 예견 가능성이 없었고, 이번 참사는 용산구 차원의 책임이 아니라는 취지로 무죄를 선고했습니다. 그러나 재난안전법상 사회재난 대비·대응 의무가 있는 지자체장으로서는 규모와 무관하게 다중운집으로 인한 인명의 사망 또는 부상이 예견되는 이상 예방할 의무가 있으므로 법원은 '최소한의 사고 예견 가능성이 있었는지 여부'를 기준으로 판단하였어야 합니다.

또한 재난안전법상 시·군·구청장은 재난이 실제 발생하였을 때뿐만 아니라 '재난이 발생할 우려가 있는 경우'에도 '질서 유지' '피난의 권고나 지시'와 같은 '응급조치'(제37조 제1항)를 할 의무가 있고 대피 명령(제40조)을 할 권한이 있음에도, 박희영 용산구청장은 어떠한 조치도 취하지 않음으로써 참사 피해 확대에 기여했습니다. 따라서 해당 1심 판결 역시 항소심에서 다시 검토될 필요가 있습니다.

재난참사 책임자에 대한 처벌에서 '책임이란 무엇인가'라는 판단은 결국 우리 사회가 무엇을 '규범'으로 확정할 것인가와 연결됩니다. 시민의 안전과 생명을 지키기 위해 각 행위자들은 참사 당시 무엇을 했어야 했는지, 나아가 미래에 동일한 상황이 닥쳤을 때 어떻게 대처해야 하는지에 대한 문제입니다. 책임자들의 관리·감독 책임을 지나치게 축소함으로써 재난 대응 체계 전반의 실패에 대한 책임을 면제한다면, 다음 참사의 재발을 방지하는 것은 불가능합니다.

은폐된 증거들, 모르쇠뿐인 증인들

진상규명은 결국 참사의 원인을 규명하는 것입니다. 원인 규명은 정부 기관, 각 행위자의 행위, 제도, 관습 등 참사에 영향을 미친 개별적 원인과 각 원인들 간의 관계를 밝힘으로써 가능합니다. 이를 위해 참사가 발생하게 된 일련의 과정을 시간순으로 재구성하고, 정부·경찰·소방·서울시·용산구·이태원역 등 각 기관 및 그 관계자들이 어떤 일을 했고 어떤 일을 하지 않았는지 조사해야 합니다.

참사를 재구성하는 과정에서 무엇보다 중요한 것은 자료의 수집입니다. 예를 들어, 참사 예방에 있어 각 기관들이 핼러윈 축제에 사람이 많이 몰릴 것을 예상했는지, 그에 대해 논의했는지를 확인해야 합니다. 이를 위해서는 각 기관이 작성한 관련 보고서 또는 회의 내용을

우리 곁을 떠난 159명의 별에게 보내는 변론

적은 자료가 필요합니다. 국가기관과 지자체는 대부분의 정보를 보고서로 작성한 후 정보관리 시스템으로 관리하기 때문에 접근만 할 수 있다면 모두 확인 가능합니다. 자료로 남아 있지 않다면 회의에 참여한 사람들의 증언을 통해 확인할 수도 있습니다.

그러나 문제는 이러한 자료들을 지금까지 전혀 확인하지 못했다는 점입니다. 국정조사가 이루어졌지만 조사 대상이었던 기관들은 경찰 수사가 진행되고 있다는 이유로 제출하지 못한다고 변명하거나 자료 자체가 없다고 둘러댔습니다. 하지만 국회는 이러한 자료가 실제로 존재하는지 여부조차 조사하지 못했습니다.

또한, 관련자들에 대한 개별적 인적 조사도 반드시 필요합니다. 국정조사에서 각 기관의 고위관계자들은 모르쇠로 일관하거나 현장 단위의 일에 대해서는 잘 모른다고 답하기 일쑤였습니다. 모르면 현장 책임자를 불러서 물어보고 현장 영상을 확인한 후 정확하게 답변하면 됩니다. 하지만 책임자들은 여전히 책임을 회피하는 답변만을 고수하고 있습니다. 현장에 나갔던 공무원, 생존자, 목격자, 구조자들에 대한 면담 등 1차적인 대인 조사도 필수적이지만 이 역시 전혀 이루어지지 않았습니다.

증거가 은폐되고 증인들이 모르쇠로 일관하면서 참사 예방과 대응의 핵심적인 순간들에 대한 진상규명은 난항을 겪었습니다. 예방·대비 단계의 예를 들어보겠습니다. 참사 전 용산경찰서 정보과에서는 핼러윈 축제에 인파가 밀집하여 위험할 것이라는 보고서를 작성했습니다. 이를 서울경찰청에 보냈고 서울경찰청 정보과에서 확인한 뒤 서울경찰청장에게 보고합니다. 서울경찰청장은 인파 밀집에 대응하기 위해 경비대 파견 등 방안을 검토한 후 보고하라고 지시합니다. 그러나 이후 서울경찰청은 어떠한 대책도 세우지 않았습니다.

참사 전날에도 인파가 밀집했던 이태원에서는 육안으로도 위험성이 확인됩니다. 당시 이태원을 찾았던 사람들은 입을 모아 전날에도 위험했다고 증언했습니다. 용산경찰서 정보과 보고서를 작성했던 정보관은 보고서를 올렸음에도 대책이 마련되지 않자 참사 당일 직접 현장에 나가겠다고 말합니다. 그러나 정보과 과장은 '정보관 파견을 하지 않기로 결정했다'고 하며 현장에 나가지 못하게 합니다. 당일 용산 대통령집무실 앞에서 집회가 열렸고 대부분의 경찰을 집회 현장에 배치하기로 결정했기 때문입니다. 정보과 직원이 현장에 나가 있었다면 참사 징후를 인지하여 즉시 경찰 파견을 요청할 수 있었을 것이고, 현장 상황을 정확히 전달할 수 있었을 것입니다. 대체 왜 이러한 대비를 제대로 하지 않은 것인지, 왜 국민의 안전과 생명이라는 가치가 후순위로 밀려났는지 규명해야 하지만 관계자들에 대한 조사조차 이루어지지 않았습니다.

참사가 확대된 원인 중 하나로 구급 조치가 늦어진 점에 대해서도 반드시 확인이 필요한데, 여전히 규명되지 않았습니다. 생존자들의 증언에 따르면, 구급 인력이 도착하고 나서도 한참이 지나서야 구조되었다고 합니다. 국정조사 자료를 보면, 경찰 병력이 참사 현장에 늦게 도착했고 이에 따라 교통 및 인파 통제가 지연되면서 구조가 늦어졌으며 구조된 사람들을 병원으로 이송하는 데에도 상당 시간이 소요되었던 것으로 확인됩니다. 그러나 알 수 있는 사실은 여기까지입니다. 현장에서 어떤 과정으로 구조가 늦어졌는지, 경찰력 투입은 왜 늦

우리 곁을 떠난 159명의 별에게 보내는 변론

어졌는지 등에 관해서는 현재 소방과 경찰의 세부 자료를 확인하지 못해 알 길이 없습니다. 각 기관이 참사 발생 시간으로부터 한참 지난 시점의 기록만을 제출했기 때문입니다.

　이제 진상규명의 역할은 이태원 참사 특별법에 따라 출범한 10·29이태원참사 진상규명과 재발방지를 위한 특별조사위원회(이하 '특별조사위원회')에 넘어갔습니다. 2024년 9월 13일에 출범한 특별조사위원회는 '이태원 참사의 발생원인·수습과정·후속조치 등 사실관계와 책임소재의 진상을 밝히고 희생자를 추모하며 피해자의 권리보장 및 재발방지 대책을 수립함으로써 공동체를 회복하고 안전한 사회를 만들어 가기 위해 설립된 독립적인 조사기관'으로서 그 소임을 수행하고 있습니다. 지금까지 사회적 재난참사에서 유가족이 수긍할 만한 조사 결과를 낸 조사위원회는 없었습니다. 이번 특별조사위원회는 참사의 진상을 규명하고 우리 사회로 하여금 재난참사와 안전의 의미를 되새기게 할 수 있을지, 끝까지 지켜볼 일입니다.

특별법, 끝이 아닌 시작

　10·29 이태원 참사 이후 어느덧 세번째 해를 맞게 되었습니다. 속절없이 시간은 흘렀는데, 유가족들은 그리고 우리 사회는 그날 무슨 일이 벌어진 것인지, 무엇이 159명의 목숨을 앗아갔는지 그 어떤 것도 선명하게 알지 못합니다. 매일 아침 일어나 무탈하게 하루를 보내고, 내일도 오늘과 다르지 않은 하루를 보낼 것이라 여기며 잠자리에 드는

참사 현장 골목 2022년 10월 30일 경찰의 출입 통제로 적막함만이 감도는 해밀톤호텔 옆 골목 초입에 추모의 꽃이 가지런히 놓여 있습니다.(위) 현재 이 골목은 '10·29 기억과 안전의 길'로 조성되었습니다.(아래) 사진 제공 연합뉴스.

것. 이태원 참사는 피해자들에게서, 나아가 우리 모두에게서 평온한 일상에 대한 기대와 믿음을 앗아갔습니다. 참사는 한순간이지만, 참사의 기억과 고통은 삶과 함께 지속되고 있습니다.

한국사회는 여러차례 참사를 겪었고, 그때마다 관련 법률이 제정되었습니다. 이태원 참사 특별법 또한 지난 참사에서 제정된 '사회적 참사의 진상규명 및 안전사회 건설 등을 위한 특별법'과 '4·16세월호참사 피해구제 및 지원 등을 위한 특별법'을 참고해 만들어졌습니다. 진상규명, 피해자지원, 추모사업 등 모든 내용은 과거 재난참사와 그 피해자들의 노력에 빚지고 있습니다. 과거의 재난참사 피해자들 또한 투쟁하여 법률 제정을 이루어냈고, 그 법률들이 쌓여 이태원 참사 특별법의 토대가 되었습니다.

마찬가지로 이번 이태원 참사 특별법을 통해 새로이 쟁취한 규정도 있습니다. 이태원 참사 특별법은 재난참사 피해자의 권리를 법률에 명시했습니다. 재난참사 피해자의 권리가 논의되기 시작한 지 10년만입니다. 이를 통해 진상규명, 책임자처벌, 피해자지원, 추모지원 모두 정부의 시혜가 아닌 피해자가 마땅히 누려야 할 권리임이 확인되었습니다. 이는 앞으로 제정될 법률에도 영향을 준다는 점에서 미래의 피해자들을 위한 규정이기도 합니다. 고통스럽고 힘겨운 시간을 지나, 그래도 한걸음 더 나아갔습니다.

제3조(피해자의 권리) 피해자는 10·29이태원참사에 대한 진상조사, 피해자 구제 등 모든 과정에서 다음 각 호의 권리를 가진다.

1. 필요한 정보를 제공받고 진상조사 과정 등 정부 행정에 참여할 권리

2. 차별받지 아니하고 혐오로부터 보호받으며 필요한 조력을 받을 권리

3. 개인정보 및 사생활을 보호받을 권리

4. 기억, 추모, 애도를 받거나 할 권리

5. 생활지원 · 의료지원 · 심리치료지원 · 법률지원 등 필요한 지원을 받을
권리

6. 추모사업 · 공동체 회복사업 등 후속 사업에 대하여 의견을 개진하는 등
참여할 권리

7. 배상 및 보상을 받을 권리

8. 그밖에 「대한민국헌법」과 국제인권조약에 따라 인정되는 피해자의 권리

—10 · 29이태원참사 피해자 권리보장과 진상규명 및 재발방지를 위한 특별법

우리는 지난 참사를 온전히 회복하기도 전에 또다시 이태원 참사를 겪었습니다. 반복된 참사는 한국사회에 지울 수 없는 상흔을 남겼습니다. 함께 회복하고자 노력하지 않으면 그 누구도 온전히 회복할 수 없습니다.

진상을 규명하고, 책임자를 처벌하고, 희생자를 애도하며, 피해자를 지원하는 등 이태원 참사에서의 회복은 특별법 제정 이후에서야 본격적으로 시작되었습니다. 하지만 법률의 제정은 법적 근거를 마련한 것일 뿐입니다. 법률이 현실에서 어떤 힘을 발휘할지는 우리 사회가 이태원 참사를 어떻게 기억하고 어떤 의미를 부여할지에 달려 있습니다. 어떤 답을 찾을지 아직 모르지만, 우리는 분명 한걸음 나아갈 것이라고 믿습니다.

우리 곁을 떠난 159명의 별에게 보내는 변론

그래도 되는 차별은 없다
인권 최전선의 변론

초판 1쇄 발행 | 2025년 5월 30일

지은이 | 공익인권법재단 공감
펴낸이 | 염종선
책임편집 | 하빛
조판 | 신혜원
펴낸곳 | (주)창비
등록 | 1986년 8월 5일 제85호
주소 | 10881 경기도 파주시 회동길 184
전화 | 031-955-3333
팩시밀리 | 영업 031-955-3399 · 편집 031-955-3400
홈페이지 | www.changbi.com
전자우편 | human@changbi.com